관계의

숨티움

관계의 숨틔움

송운석 지음

...

"그대가 일반적인 행복을 넘어 참된 지복감에 도달하려면
그대는 세상의 모든 존재들이 나와 똑같이 사랑받고 대화하고
싶어 하는 고유한 의미를 가진 존재들임을 인정해야 한다."

- 김연수

들어가는 말

대학생 때 미국에서 오신 Dr. James K. Sours라는 교수님을 만난 이후, 내 인생은 180도 변화하였다. 그때 삶의 변화는 관계 맺음을 통해 이루어진다는 사실을 통감했다. 그 이후 늘 관계란 무엇인가에 대해 고민을 해왔다. 이 책을 통해 내가 평생 동안 고민해온 주제인 인간관계에 대해 느끼고 생각해온 것들을 정리했다. 그동안 강단에서 가르친 학생들에게 못다 한 이야기를 정년퇴임을 맞아 마지막으로 전하고 싶은 것도 이 책을 쓰게 된 동기이다.

모든 만남이 관계로 발전하는 것은 아니다. 관계는 만남에 의미를 부여하기 시작할 때 형성되기 시작한다. 우리 모두는 지금 만나 있다. 나와 내가 만나 있고, 내가 남과 만나 있고, 내가 세상과 만나 있고 그리고 내가 하늘과 온 우주와 만나 있다. 하지만 만남은 만남으로 끝나고 참된 관계로 전환되지 못하는 경우가 많다. 나와 내가 단절되어 있고 나와 세상이 단절되어 있고 나와 신이 단절되어 있기 때문이다. 현재 우리는 만나 있으되 단절된 세상에서 혼자 방황하고 외로워하고 고통스러워한다. 이제 단절된 만남에 관계의 숨을 틔워야 한다.

관계 맺음은 만남을 무한한 가능성으로 변화시키는 작업이다. 나의 삶은 지속되는 만남을 관계로 변화시키는 과정이다. 그러니 관계 맺음 자체가 곧 삶이고 삶이 곧 관계라고 할 수 있다. 관계 맺음이란 만남에 의미를 부여하는 것이다. 관계를 통해 지속적으로 느낌, 생각, 감정이 만들어진다. 관계 맺음은 이 만들어지는 느낌, 생각, 감정을 스스로 체험하고 해석하는 것에 따라 변화하고 발전한다.

관계는 우리의 의지와 해석에 달려 있다. 만남을 어떤 관계로 발전시킬 것인가 하는 것은 우리의 결정에 달려 있고 해석에 달려 있다. 관계의 단절로 숨 막히는 사회에서 이제 우리는 관계의 숨 틔움을 위한 결단을 내려야 할 때가 됐다. 서로 간의 단절로 일어나는 수많은 고통과 외로움을 벗어나기 위해 그리고 해체되는 우리의 공동체를 살리기 위해 관계의 숨 틔움을 위해 새로운 관계방식을 모색해야 한다.

관계의 숨 틔움은 서로의 만남에 의미를 부여함이며 의미를 부여한다는 말은 가치를 인정한다는 말인 동시에 상대를 존중한다는 말이다. 내가 내 존재의 가치를 인정하고 존중하기 시작할 때 나와 나의 관계는 숨이 틔기 시작한다. 내가 상대방의 가치를 존중하고 인정할 때 관계가 형성되기 시작한다. 내가 하늘의 뜻을 소중하게 여기고 그 가치를 인정하고 받아들일 때 드디어 하늘과 나는 소통하기 시작하고 관계의 숨은 틔워지기 시작한다.

나는 이 책을 통해 만남이 관계로 전환되어 단절된 관계의 숨통이 틔워지고 서로 소통하면서 무한한 가능성의 꽃을 피워나가는 방식을 이야기하고자 한다. 우리가 관계 맺음이란 야구선수가 타석에 들어서서 공을 치려는 순간과 마찬가지이다. 안타를 칠 것인가, 홈런을 칠 것인가 아니면 어떤 타구를 칠 것인가 하는 무수한 가능성이 열려 있는 것이다. 우리도 인생의 삶의 현장이라는 타석에 서 있는 것과 같다. 즉 무한한 가능성 앞에 서있는 것이다. 삶의 현장이라는 타석에서 어떠한 가능성을 실현시킬 것인가? 그 무한한 가능성을 펼쳐나감에 있어서 어떠한 결정과 해석이 필요한지 이 책에서 이야기해보고자 한다.

이 책은 4개의 장으로 이루어졌다. 첫 장에서는 관계란 무엇인가에 대해 먼저 생각해보았다. 또한 관계 맺는 방식은 어떤 것이 있으며, 우리의 관계는 왜 단절되는지를 살펴보았다. 그리고 우리 관계의 숨 틔움을 위해 어떤 노력이 필요한지 이야기했다. 다음으로 두 번째 장에서는 자기 자신과의 관계를 살펴보았다. 나와 나의 관계 맺음에 있어서 중요한 것은 무엇인지 내가 어떻게 진정한 나의 편이 되어 살아갈지를 이야기했다. 그리고 세 번째 장에서는 타인과 관계 맺음을 살펴보았다. 우리는 수없이 많은 만남 속에 살아가지만, 진정한 관계로 발전시키지 못하고 고립과 단절 속에서 외롭고 괴로운 삶을 살아간다. 그 이유가 무엇인지 살펴보았다. 이 단절을 벗어나 무한한 가능성의 관계에 꽃을 피워 나가려면 어떤 노력이 필요한지 알아보았다. 마지막으로 우리는 삶 속에서 많은 관계 문제에 직면한다. 우리가 직면하는 관계상에 발생하는 많은 문제들을 어떻게 풀어나가는 것이 바람직한지 네 번째 장에서 살펴보았다. 주로 우리가 접하는 인간관계 문제를 관계의 숨 틔움이라는 관점에서 어떻게 소통하고 공감하며 이를 자신의 인격적 성장으로 연계시킬지 그 방법을 정리해보았다.

인간관계라는 주제를 가지고 강의하고 연구하면서 얻은 결과를 나와 그간 인연을 맺어온 많은 이들과 공유하고 싶은 심정에서 이 책을 펴냈다. 나의 좁은 소견이지만 이 책을 접하는 이들에게 조금이라도 도움이 될 수 있기를 간절히 바랄 뿐이다.

2019년 12월 31일
저자 송운석

Part 3... 타인과의 관계

Part 4... 관계 문제 해결하기

Part 1...

1

관계
이해하기

비천명옥 (김대열)

1

관계는 곧
삶이다

관계는 특정한 대상과 상호작용하는 하나의 과정이다. 우리는 지속적으로 순간순간 모든 사물을 비롯하여 생명체들과의 상호작용 속에서 살아가고 있다. 즉 "나와 나 아님"의 관계 속에서 살아간다. 내가 나를 좋아한다든지 혹은 싫어한다든지 하는 것을 보면 자신과도 관계를 맺고 있다. 관계가 종식되는 순간 우리의 삶도 끝이 난다. 그러니 삶이 곧 관계이고 관계가 곧 삶이라고 할 수 있다.

우리는 관계 속에서 지속적으로 대상에 대한 느낌, 생각, 감정을 생성한다. 그러면서 자신이 생성한 느낌과 생각, 감정을 직접 체험한다. 예를 들어 밤하늘의 달과 관계 맺음이란, 달을 보면서 느끼고 생각하며 내면에 슬픈 혹은 그리운 감정을 갖는다. 아무리 밝고 둥근 보름달이 떠 있어도 달에 관심이 없으면 달과의 관계는 성립되지 않는다. 그러니 달에 관심을 주는 것 자체가 그 관계를 맺는 첫 단계이다. 밝은 달을 보고 혹자는 슬퍼할 수 있고 혹자는 미소를 짓는다. 똑같은 달을 보고 혹자는 왜 슬퍼하고 누구는 미소를 지을까? 그것은 달과 관계 맺으면서 스스로 생성한 느낌, 생각 그리고 감정을 스스로 체험하고 있기 때문이다.

김춘수 시인이 「꽃」이라는 시를 통해 표현했듯이 서로 만남을 통해 펼쳐지는 느낌, 생각, 감정에 잊히지 않는 하나의 의미를 만들면서 서로가 서로에게 그 무엇이 되어감이 관계 맺음이라고 할 수 있다. 상대와 어떤 관계를 맺든 그 과정을 통해 생성되는 생각과 감정의 주인은 자신이며 거기에 의미를 부여하는 것도 자신이다. 그러니 모든 관계의 주인은 나다.

더 행복한 삶을 원한다면 자신이 더 나은 관계를 만들면 된다. 더 나은 관계를 만들려면 서로의 만남에서 긍정적 느낌, 생각, 감정을 생성하면 된다. 행복은 행복하기로 결정한 사람한테만 다가온다고 했다. 그러니 모든 관계에 소중한 뜻을 되새기며 긍정적 의미를 담아가면 된다. 하지만 많은 사람들은 관계 맺음으로 인해 많은 고통과 시련을 겪고 있다. 알프레트 아들러는 우리의 모든 문제는 인간관계에서 기인한다고 했다. 관계를 맺어가면서 수없이 많은 오해와 비난을 주고받고 상대를 비판하면서 살아가는 것이 우리의 일상이다. 자신이 만들고 자신이 체험하고 있지만 너무 잔혹한 과정이 아닐 수 없다. 이제 우리 관계에 숨통을 좀 터야 한다. 고통과 힘듦의 원천이 되는 관계에 숨통을

터서 좀 더 아름답고 의미 있는 관계로 만들 수 있어야 한다. 그
것을 통해 서로는 서로에게 그 무엇이 되고, 그곳에 참된 행복이
깃들 수 있도록 해야 한다. 그 책임은 전적으로 자신에게 달려
있다. 왜냐하면 관계는 자신이 만들고 자신이 체험하고 있기 때
문이다.

<u>2</u>

관계방식의
변화가 필요하다

만남이 곧 관계를 의미하지 않는다. 우리는 현재 만남 속에 존재하고 있다. 나와 내가 만나 있고 나와 남이 만나 있으며 나와 세상이 만나 있고 나와 땅과 온 우주와 만나고 있다. 만남이 관계로 전환되지 않는 한 그 만남은 아무런 의미가 없다. 관계 맺음은 우리의 만남에 의미를 부여하는 과정이다. 그리고 그 관계를 통해 무한한 가능성을 열어가는 것이다. 우리가 누구와 관계 맺음이라고 하면 그와의 만남에 참된 의미를 부여하는 것이며 그를 소중하게 생각하고 지속적으로 교류하면서 무한한 가능성을 함께 열어가는 것이다. 그 만남을 어떠한 가능성으로 열어가느냐 하는 것은 그 관계를 맺는 방식에 달려 있다.

사람들의 관계 맺는 방식은 크게 두 가지 관점에서 볼 수 있다. 그 하나는 수동적인가 아니면 능동적인가이다. 다른 하나는 이기적인가, 이타적인가이다. 수동적인 관계방식은 주로 타인의 선택에 의해 관계를 맺어가는 것이다. 관계의 주도권은 타인에게 있다. 문제의 원인을 타인에게서 찾는다. 남들에게 책임을 전가하고 상대방을 변화시켜서 문제를 해결하려고 한다. 반면에 능동적 관계방식은 자기 스스로 관계의 문을 여는 것이다. 관계의 발전을 위해 스스로 노력한다. 무엇이 문제의 핵심이며 그 문제를 해결하기 위해 자신은 어떤 노력을 해야 하는지를 먼저 생각한다. 스스로 관계에 의미를 부여하며 더 나은 관계를 위해 지속적으로 노력한다.

한편 이기적 관계방식은 항상 상호작용에서 자신에게 도움이 되는 것이 무엇인지 고민한다. 남과 자신을 비교하면서 자신에게 도움이 되도록 하려면 어떻게 할까 고민한다. 이들은 주로 관계에서 테이커(taker)들이다. 상대를 위해 조금도 양보하거나 손해 보려고 하지 않는다. 반면으로 이타적인 사람들은 남과 나를 구분하지 않는다. 상대방이 무엇을 원하는지에 관심을 둔다. 자기의 문제를 생각하기 전에 남들의 문제해결을 위해 무엇을 하는 것이 좋을까를 고민한다. 이들은 주로 기버(giver)들이다. 모든 관계를 형성하는 방식에 물론 장단점이 있다. 문제는 어떻게 이를 잘 조합해가느냐 하는 것이다. 이 두 가지 관계방식을 조합해서 관계유형을 좀 더 구체적으로 살펴보면 아래와 같이 분류할 수 있다.

관계방식의 유형

능동적	이기적 능동형	이타적 능동형
수동적	이기적 수동형	이타적 수동형
	이기적	이타적

이기적 수동형은 자기중심적이면서 수동적이다. 다시 말해 남들이 나를 도와주길 바라고 자신의 문제는 다 주변 탓으로 돌린다. 주변에서 자신을 돌보아주지 않고 도와주지 않아서 자신은 힘들고 고통스럽다고 생각한다. 즉 다른 사람들에게 의존해서 그들의 도움과 지원으로 살아가는 사람들이다. 다른 사람들이 자신이 바라는 만큼 도움을 주지 않으니 늘 불평과 불만이 그득하다.

이타적 수동형은 남들을 도와주려는 마음을 가지고 있지만 상당히 감상적이다. 남들이 부탁을 하면 거절하지 못한다. 자신에게 중요한 일이 있어도 남들이 부탁하면 그것을 거절하지 못하고 남들을 도와준다. 이런 사람들을 혹자는 "호구"라고 부른다. 남들에게 이용당하고 사기당하며 피해를 보는 경우가 많다. 이러한 사람들은 남들의 눈치를 많이 보고 늘 남들이 나를 어떻게 생각하나를 중요시한다. 자기주장보다는 남들의 주장이나 기준에 자신을 맞추려 한다. 그러니 진정 자신의 삶을 살지 못한다.

이기적 능동형은 테이커들이다. 절대로 손해 보는 일을 하지 않는다. 늘 자기중심적이고 경쟁적이다. 상당히 도전적이고 늘 이겨야 속이 편한 사람들이다. 어디서든지 자신이 좋은 자리 좋은 것을 차지하려고 한다. 과업 중심적이고 업무에서는 상당한 능력을 보일 수 있다. 하지만 주변 사람들과의 친화력이 부족해 갈등을 빚는 경우가 많다. 이러한 부류의 사람들은 일시적으로 부와 권력을 쟁취할 수 있으나 궁극적으로는 불협화음이나 갈등으로 이를 오래 유지하기 힘들 수 있다. 경쟁을 중시하고 자본의 축적이 중시되는 사회에서 이러한 유형의 사람들이 주도적 활동을 하는 경우가 많다.

이타적 능동형은 기버들이다. 이들은 이타적 수동형과 달리 이성적 기버들이다. 남들이 도움을 요청해서 혹은 불쌍해서 충동적으로 남들을 도와주지 않는다. 이들은 진정으로 남들을 도와주기 위해서는 그들에게 무엇이 필요한지 살핀다. 스스로의 결정에 따라 그리고 자신의 능력 범위 내에서 힘들고 어려운 사람들을 위해 봉사하고 사랑을 베푼다. 자신이 존재함으로 누군가 행복하기를 바라고 지원을 아끼지 않는다. 간디나 테레사 수녀 등 우리 사회에 큰 족적을 남긴 사람들은 대부분 이타적 능동형이라고 할 수 있다. 이들은 자기의 이익을 벗어나 타인과 사회 더 나아가 인류의 번영을 위해 고민하고 많은 사람들이 고통을 벗어날 수 있도록 노력한다.

≪기브 앤 테이크≫라는 책의 저자 애덤 그랜트는 지금은 테이커가 아니라 주는 사람, 즉 기버가 성공하는 시대가 되었다고

한다. 호구들이 아닌 이타적 능동형들이 성공하는 시대가 되었다는 것이다. 현대사회는 인터넷을 통해 동시적으로 많은 사람들에게 정보가 전해진다. 댓글을 통해 누가 진정한 이타적 삶을 살고 있는지 쉽고 빠르게 많은 사람들에게 전해진다. 그러니 그런 사람들의 선행과 삶이 빨리 사회에 알려지고 주목받게 된다. 이제 중요한 것은 우리가 어떻게 하면 이타적 능동형의 관계방식을 습득하느냐 하는 문제이다. 이를 위해 하루에 단 10분만이라도 능동적으로 남들에게 도움을 주고 지원을 해주며 깊이 있는 사랑을 나누는 삶을 살아가도록 노력할 필요가 있다. 이것이 지금처럼 고도 접속사회에서 성공적 삶을 살아가는 길이기 때문이다.

관계의 숨을 틔우고자 하면 관계의 방식을 바꾸어야 한다. 이를 위해 먼저 중요한 것은 능동성이다. 능동성은 의지의 문제이고 용기의 문제이다. 막혀 있는 관계에 숨통을 틔우기 위해 자신이 먼저 긍정적 감정의 출발점이 되어야 한다. 이를 위해 마음의 문을 열고 다가가야 한다. 다음은 이타성이다. 이타성은 먼저 상대방을 수용하고 있는 그대로를 존중하는 것이다. 그의 느낌과 바람을 공감하는 것이다. 또한 상대의 존재 자체를 소중하게 생각하는 것이다. 상대를 가르치거나, 돕거나, 바른길로 인도하려는 것이 아니라 상대의 편이 되어주는 것이다. 그때부터 마음의 문이 열리고 관계의 숨은 틔우기 시작할 것이다.

3

관계는 마음의
산물이다

관계의 핵심은 마음가짐이다. 어떤 마음가짐을 갖느냐에 따라 그 관계를 통해 일어나는 느낌, 생각, 감정이 완전히 달라진다.

모든 일은 마음이 근본이다.
마음에서 나와 마음으로 이루어진다.
나쁜 마음을 가지고 말하거나 행동하면
괴로움이 그를 따른다.
수레바퀴가 소의 발자국을 따르듯이

모든 일은 마음이 근본이다.
마음에서 나와 마음으로 이루어진다.
맑고 순수한 마음을 가지고 말하거나 행동하면
즐거움이 그를 따른다.
그림자가 주인을 따르듯이

- 법구경

내가 대학에서 만난 어느 여학생은 아주 어려서 부모가 이혼을 하고 할머니 밑에서 컸다고 했다. 할머니는 정말 자신을 위해 헌신해주시고 정성껏 키워주셨다. 그래서 늘 자신이 커서 돈을 벌면 할머니를 행복하게 해드려야겠다는 마음을 가지고 있었다. 하지만 자신을 낳아준 엄마에 대한 그리움이 항상 마음 한구석에 자리하고 있었다. 대학에 입학하면 엄마를 꼭 찾아보리라 하고 결심을 했다. 드디어 대학에 합격하고 본격적으로 엄마를 찾아 나섰다. 하지만 이미 몇 개월 전에 엄마가 세상을 떠났다는 사실을 이모라고 하는 분을 통해 들었다. 특히 자신의 엄마는 자신의 딸을 평생 그리워했고 마지막 순간까지도 자기 딸의 이름을 부르며 세상을 떠났다는 사실을 알았다. 자신의 엄마가 자신을 찾으려 해도 할머니가 이를 막았고 또한 부모의 이혼도 할머니 때문이라는 사실을 알았다. 그 뒤로부터 이 학생은 할머니가 자신을 키워준 엄마 같은 세상에서 가장 소중한 존재가 아니라 자신의 엄마 아빠를 갈라놓은 존재, 엄마를 만날 수 없도록 만든 원망스러운 존재로 변했다고 한다. 그 뒤로 할머니와는 매일 갈등과 다툼의 연속이 되었다. 똑같은 할머니이지만 보는 관점과 마음의 상태에 따라 관계는 달리 형성되고 진행된다. 그러니 관계의 핵심은 마음의 상태라고 할 수 있다.

일본 역사에서 가장 존경받는 승려 가운에 한 사람인 신란은 "마음은 뱀과 같고 전갈과 같다."라고 했다. 변화무쌍한 것이 마음이고 갈피를 잡을 수 없는 것이 마음이다. 그러한 마음이 우리의 관계에 핵심 바탕을 이루고 있는 것이다. 마음에는 진정한 마음도 있고 거짓 마음도 있다. 깨끗한 마음도 있고 더러운 마음도 있다. 큰마음도 있고 작은 마음도 있다. 마음을 다잡지 못하면 늘 환경변화에 반응하면서 마음은 출렁인다. 마음은 주변 환경의 변화와 상대에 따라 쉽게 변화한다. 상대방이 무심코 던진 말 한 마디에도 마음은 출렁이고 온갖 생각을 만들어낸다. 그러니 인간관계는 지속적으로 변화한다. 친해졌다 멀어지고 멀어졌다 또 가까워지는 갈피를 잡을 수 없는 것이 인간관계이다. 하지만 인간만이 자신의 마음의 움직임을 알아차릴 수 있다. 그리고 능동적으로 스스로 마음을 다스릴 수 있다. 분노가 차오를 때 이를 스스로 자신의 노력을 통해 가라앉힐 수 있다. 옛 성현들은 "마음을 닦아야 한다. 혹은 마음수행을 해야 한다."고 늘 가르쳤다. 즉 우리 자신의 마음을 갈고 닦아 넓고, 맑고, 크고, 높게 성장시킴의 중요성을 강조한 것이다. 인간만이 자신의 마음을 능동적으로 관리하고 연마하면서 높고 고귀한 성현의 마음으로 성장시킬 수 있다. 관계의 핵심은 마음이기에 우리가 관계를 향상시키려면 관계의 숨통을 틔우려면 심보-마음 보따리-부터 바꿔야 한다. 사람 관계가 힘들고 원만하지 못한 사람은 자신의 마음부터 살펴야 한다. 관계를 맺어감에 따라 자신의 마음 상태를 직시하면서 변화 성장시킬 수 있기 때문이다.

4

관계의 목적은
성장이다

　　어느 목사님이 개척교회를 설립하여 운영을 시작했다. 지하
실 작은 공간에서 처음 교회를 시작한 것이다. 신도 수는 자기
가족 이외 몇 명이 함께하고 있었다. 그 교회에 우연히 어떤 청
년이 나오기 시작했다. 그 청년은 교회에 상당한 애착이 있었다.
그의 애착만큼 모든 교회 일에 간섭하고 일일이 잘했다 못했다
고 평가하였다. 특히 목사님이 설교를 하면 설교 후 무엇이 잘못
되었는지 일일이 지적하고 어떤 식으로 해야 하는지 참견했다.
그 목사님은 그 청년 때문에 설교할 때도 제대로 하기 힘들었고
매사 교회 일을 추진하기가 힘들었다. 그렇다고 몇 안 되는 신도
들이며 포교를 하겠다고 교회를 개척한 입장에서 그 청년에게
교회에 나오지 말라고 하기도 어려웠다. 그 청년 때문에 골머리
를 앓고 있던 어느 날 건축 현장을 지나가고 있었다. 주변이 많
이 흐트러져 있고 지나가기 불편했다. 가는 길 앞에 "공사 중 불
편을 드려 죄송합니다."라는 팻말이 서 있었다. 그 팻말을 보는

순간 그 목사님은 크게 깨우쳤다고 한다. 아, 우리는 누구나 바람직한 삶을 일구어가기 위해 공사 중에 있는 자들이구나! 공사 중에는 누구나 상대방에게 불편을 끼치는구나! 그 청년이나 목사인 자신이나 현재 공사 중이다. 그러니 서로 불편을 끼치는 것이다. 이를 수용하자. 그리고 멋진 집을 지을 수 있도록 서로 도울 수 있도록 노력하자! 이러한 깨우침을 통해 그 목사님은 그 청년을 수용하고 자기를 바라보면서 서로의 성장을 위해 노력했다고 한다.

우리는 누구나 다 이 삶의 현장에서 더 나은 인격체가 되기 위해 공사 중인 사람들이다. 공사 중이기 때문에 아직 부족한 점이 많다. 상위 인격체를 만들어가는 삶이라는 공사 현장에서 우리는 이런저런 사람들과 서로 관계를 형성한다. 때로는 부딪치고 때로는 서로 공감하며 살아가면서 다양한 경험을 한다. 행복은 잠시지만 갈등과 오해 그리고 원망은 늘 함께한다.

우리는 아직 익지 않은 과일들이다. 아직 익어가고 있는 존재들이다. 그러니 실수할 수밖에 없고 잘못을 저지르고 후회할 수밖에 없다. 덜 익은 과일은 떫다. 이를 먼저 인정해야 한다. 관계를 맺는 과정에서 마찰이 일어났다면 그 마찰이 일어난 부분은 아직 성장시켜야 하고 긍정적 변화가 요구되는 부분이다. 이는 관계를 통해서 발견된다. 미숙한 점이 있어 상대와 마찰을 빚게 되면 이는 고통으로 다가온다. 그 고통은 변화의 필요성을 알리는 하나의 신호이다. 그리고 고통을 극복하면서 인격은 성장한다. 고통이야말로 가장 위대한 스승이다. 모든 관계가 멈추는 순간이 죽음이다.

> 이 세상에서 원한은
> 원한에 의해서는 결코 사라지지 않는다.
> 원한을 버릴 때에만 사라지나니,
> 이것은 변치 않을 영원한 진리다.
>
> — 법구경

관계에 서로 원한이 있다면 갈등으로 나타난다. 서로 부딪치면서 아파한다. 아픔을 극복하고 원한을 해소하면서 서로의 인격은 성장한다. 원망은 원망으로 해결되지 않는다. 더 큰 생각 더 넓은 관점에서만 해결점을 찾을 수 있다. 풀리지 않는 관계는 더 크게 생각하고 더 넓게 보라는 메시지다. 아인슈타인이 말했듯이 문제를 일으킨 수준의 생각과 감정의 틀에서 그 해결책을 찾을 수 없다. "문제를 발생시켰을 때와 똑같은 의식수준으로는 어떤 문제도 해결할 수 없다." 관계의 목적은 서로 행복한 삶을 살아가자는 데 있지 않고 서로 성장하자는 데 있다.

5

관계의 숨을
틔우자

서로 마음을 나누고 함께 수행하는 어느 모임에 참석했다. 일상에서 오는 스트레스를 털어버리고 순수한 마음을 나누면서 서로를 힐링하는 자리였다. 마침내 둥그렇게 서서 한 사람씩 돌아가면서 참석한 사람들 간에 서로의 이야기를 나누는 시간이었다. 그 가운데 어느 70대 할머니가 계셨다. 백발의 할머니는 아무 말 없이 거기에 참석한 한 사람씩 꼭 안아주었다. 나는 그분이 날 안아주실 때 무언가 가슴에 평온함을 느꼈다. 말로 표현할 수 없는 감화력이 전해졌다. 거기에 참석한 모든 사람들이 나와 같이 평온하고 가슴 뭉클한 진정한 사랑의 감정을 느꼈다고 한다. 그 후 그 모임의 분위기가 긍정적으로 바뀌어 서로 마음의 문을 열고 좀 더 깊이 있는 대화를 할 수 있었다. 그분의 사람을 평온하게 하고 순수한 인간의 정을 느끼도록 하는 그 힘이 바로 숨이 틔는 관계의 한 단면이라고 할 수 있다.

논어에 "친구가 멀리서 나를 찾아오니 기쁘지 아니한가?"라는 말이 있다. 이는 공간적 측면의 거리도 중요하겠지만 특히 심리적으로 멀리 느껴지던 친구가 마음의 문을 열고 나를 찾아와 서로 간의 관계에 숨이 틔워질 때 참된 기쁨을 느낄 수 있다는 말로 해석될 수 있다. 관계의 숨이 틔워질수록 서로 간의 소통의 장은 넓어지고 깊어진다. 그리고 우리는 참된 기쁨을 맛보고 즐거움을 느낄 수 있다. 내가 관계를 맺고 살아가는 사람들은 내 삶의 정원을 이루는 한 구성체이다. 내 삶의 정원을 아름답고 풍요롭고 고귀하게 꾸미려면, 내 삶의 정원을 이루는 모든 것과 함께 소통하고 서로 공감 공명할 수 있어야 한다. 내 삶의 정원의 구성체와 더 높은 뜻과 사랑을 함께 나눌 수 있어야 한다.

내 삶의 정원이 갈등과 반목으로 오염되고 미움과 두려움 그리고 오해의 쓰레기장이 되도록 방치해서는 안 된다. 서로의 관계가 끊어지면 관계의 숨은 막힌다. 관계의 숨이 막히면서 점차 내 삶은 오해와 원망으로 뒤덮인다. 내 삶의 정원이 희망의 꽃이 피고 서로 조화롭고 함께 행복을 창조해가는 파라다이스가 되도록 해야 한다. 이는 관계의 숨 틔움에서 출발한다.

6

관계에서
불평과 불만은
왜 자꾸 발생하나

우리의 관계에서 불평과 불만은 끊임없이 발생한다. 불평과
불만은 일어난 사실로 인한 것보다는 자신이 그 사실에 대한 분
별과 해석하는 과정에서 일어난다. 분별한다는 것은 어떤 사건을
카테고리화하는 작업이다. 카테고리화한다는 말은 특정한 사건
이나 사실을 옳은 것 혹은 그릇된 것, 유익한 것, 불리한 것, 싫
은 것 혹은 좋은 것으로 분류하는 것을 말한다. 그리고 자신이
분류한 것에 대해 의미를 부여하면서 자기중심으로 스토리를 만
든다. 이것이 어떤 사실이나 사건을 분별하고 해석하는 것이다.

예를 들어 상대방이 나에게 '나쁜 놈'이라고 했다고 하면, 상
대방이 던진 말에 대해 우리는 좋지 않은 느낌이 순간적으로 들
수 있다. 그다음 자신이 느낀 느낌을 토대로 그 사람이 왜 그렇
게 말을 했는지 생각하게 된다. 즉 상대방이 던진 나쁜 놈이라는

관계 이해하기

31

말을 하게 된 배경에 대해 스토리를 만들어낸다. 그가 그렇게 던진 말이 충분히 타당한 이유가 있다고 해도 상대방에 대한 부정적 감정은 자꾸 증폭된다.

이러한 심리적 과정을 좀 더 구체적으로 살펴보면 상대방이 나에게 "나쁜 놈"이라고 던진 말은 1차 화살이 된다. 누구도 일상을 살면서 자신의 생각과 감정을 거스르는 1차 화살들을 피할 수는 없다. 문제는 이러한 1차 화살을 맞게 되면 곧바로 2차 화살을 스스로 만들어 이를 가지고 자신을 괴롭히는 데 있다. 그 상대가 왜 그런 말을 했는지 해석하면서 옳고 그름을 따진다. 대부분 설사 자신이 잘못했다고 하더라도 상대방이 던진 말에 대해 자기중심적 해석을 하면서 부정적 감정의 자체 재생산을 통해 자신을 지속적으로 괴롭히면서 고통에 시달린다. 이것은 상대에 대한 불평의 싹이 되고 불만의 원인이 된다. 일단 특정한 사건이나 사실로부터 마음의 상처를 받고 불평과 불만을 갖게 되면 그것은 상대를 대하고 평가하는 기준이 된다. 이는 눈덩이처럼 자꾸 커지면서 자신의 마음 한구석에 자리매김한다. 이를 통해 점차 상호 관계는 부정적 감정을 토대로 하는 관계로 발전하게 된다. 그래서 어떤 사건이 일어났느냐가 중요한 것이 아니라 그것을 어떻게 해석하느냐가 중요하다.

상대가 나를 비판하는 말을 들었을 때 1차적으로 느끼는 불쾌한 감정을 영어로 표현하면 pain이라고 할 수 있다. 환경과 상호작용에서 발생하는 모든 불편한 느낌으로 받는 괴로움이 곧 pain이다. 이 1차적 불쾌한 감정을 누구나 다 느낄 수 있다. 다음 단계인 이를 해석해서 스토리화하고 반복적으로 자꾸 생각하면서 받는 고통과 괴로움을 영어로 표현하면 suffering이다. 삶에서 문제가 되는 것은 2차적인 심리과정을 통해 만들어낸 스토리를 통해 반복적으로 자신을 괴롭히는 현상이다.

많은 어머니들은 자식의 잘못과 사고를 접하며 다 자신의 잘못으로 생각한다. 자신을 괴롭히고 자신에게 엄청난 짐이 된 자식에게 벌을 내리기보다는 오히려 자기의 잘못이라고 해석하고 미안하다고 사과를 한다. 어떤 부모는 그러한 자식과 연을 끊겠다고 하고 자식을 미워하고 원수가 된다. 자식이 저지른 잘못에 대해 괴로워하는 것은 어느 부모나 마찬가지다. 하지만 2차적으로 이를 해석해서 스토리화하는 것은 천지 차이다.

관계에서 일어나는 모든 사건들은 그러한 일이 발생할 조건이 형성되어 나타나는 현상이다. 그리고 그 조건이 사라지면 없어진다. 만약 우리가 특정한 조건에 의해 형성된 모든 사건에 대해 분별하고 해석하는 작업을 멈출 수만 있다면 대부분의 관계에 대한 불평과 불만으로부터 해방될 수 있다. "평가하지 말고 묘사하라."는 말이 있다. 우리가 사건을 묘사하고 객관화하여 바라보면 우리는 그 사건에 매몰되지 않고 그 사건을 통해 배울 수 있다. 하지만 이를 분별하고 해석하면서 옳고 그름을 따지기 시작하면 우리는 그로 인한 불평과 불만의 그물에 걸려 더욱 휘말려 들게 된다. 그리고 그물에 걸린 새처럼 그 사건에 얽혀 허우적대면서 괴로워하며 살아간다. 인간 고통의 대부분은 2차 화살로부터 받는 suffering이다. 그러니 어떤 사건과 사실이 발생했을 때 그런 일이 발생할 조건이 형성되어 일어났구나 하고 그럴 "뿐" 하고 1차 심리적 과정에서 멈추면 대부분의 우리에게 발생하는 심리적 고통으로부터 자유로워질 수 있다. 이를 분별하고 해석하는 2차 심리 과정에서 벗어날 때 우리의 삶에서 불평과 불만은 많은 부분 사라질 것이다.

7

관계의
개선을 위해
먼저 노력하자

관계의 개선을 위해 내가 먼저 노력해야 한다. 이 말은 관계의 주도권을 갖는다는 말이다. 능동적 삶으로 관계를 만들어 간다는 말이다. 그동안 얽혀 있던 수많은 사건들과 그것에 대한 스토리들을 벗어나서 한 차원 높은 삶을 위해 일어선다는 말이다. 우리는 관계의 사슬에 묶여서 울고 웃으면서 살아가고 있다. 우리는 평생 뒤얽혀 있는 관계 속에서 이를 풀어보려고 이리저리 헤매다 끝나는지 모른다. 알렉산더 대왕이 서로 얽혀 있는 실타래를 풀라고 하자 이를 단칼에 끊어버렸듯이, 부정적 관계의 그물망에 얽혀 허덕이지 말고 자신을 옥죄고 있는 관계를 벗어나 새로운 관계를 형성하는 관계의 주인이 되어야 한다.

관계를 개선한다는 말은 자신이 맺고 있는 관계의 희생물이 되지 않고 관계 맺고 있는 사람들과 서로 소통하고 공감하며 긍정적이며 상호 도움을 주고받을 수 있도록 하는 것이다. 그 관계의 깊이를 더하고 폭을 넓혀간다고 하는 의미이다. 항상 남의 탓만 하지 말고 자신이 먼저 관계의 개선을 위해 무엇인가 시도하고 서로의 긍정적 관계를 위해 작은 실천이라도 실행해간다는 말이다. 피동적 관계에서는 자꾸 남의 눈치를 보고 상대방에게 책임을 전가한다. 그리고 상대가 어떤 말을 하고 행동을 하든 그것을 해석하기 바쁘다.

이제 자신이 스스로 상호관계의 긍정적 감정의 발원지가 되어보자. 누군가에게 내가 마음의 상처를 받았다면 내가 그 상처로부터 해방되기 위해 먼저 그를 용서하고 내가 만약에 누군가에게 마음의 상처를 주었다면 그들에게 마음속으로라도 진정한 용서를 구해보자. 관계 개선을 위해서는 자신이 먼저 그렇게 하기로 결정해야 한다. 혹시 그들에게 말이나 행동 혹은 생각으로라도 잘못을 한 것은 없는지 자신을 돌아보자. 만일 그렇다고 하면 자신이 그로부터 해방되기 위해 먼저 자기가 자신을 용서해야 한다. 그리고 누군가가 나에게 행동이나 말로 잘못을 했다면 그러한 것은 마음속으로라도 다 흘려보내고 용서해야 한다. 이는 상대를 위한 것이기보다 자신이 그것으로 자유로워지기 위해서다. 그러면 점차 상호관계는 긍정적으로 전환될 수 있다.

내가 관계 개선을 위해 노력하지 못하는 것은 자신의 마음의 상태가 긍정적이지 않아서이다. 자신 안에 상대에게 알고 저지른 잘못 혹은 모르고 저지른 잘못에 대해 마음속으로 용서받기를 원하는 마음을 먼저 내야 한다. 상대의 잘못은 또한 용서해야 한다. 그리고 진정으로 관계를 개선하고자 하는 용기를 갖고 자신이 스스로 만들어놓은 상대에 대한 불편한 감정의 선을 넘어 긍정적 관계를 위해 노력해야 한다. 관계를 개선하는 과정은 곧 자신의 내면에 서려 있는 부정적 관념을 발견하는 과정이고 이를 넘어서 새로운 관계를 만들어가는 과정이다. 고인 물은 썩어 냄새가 나고 온갖 해충들이 들끓는다. 우리의 관계도 마찬가지다. 가슴의 문을 활짝 열고 모든 것을 용서하고 수용하며 스스로 평화로워져야 한다. 또한 먼저 상대에게 다가가 관계 개선을 위해 소통의 문을 열지 않으면, 온갖 잡생각들과 원망과 오해가 들끓기 마련이다. 흐르는 물은 노래를 하고 주변의 생명을 살린다. 마음도 이와 같다. 얽혀 있는 마음을 녹여서 먼저 감정을 풀고 관계의 장을 새롭게 꾸미고 넓혀가야 한다. 그것이 자신이 성장하는 과정이고 행복한 삶을 위한 조건이다.

Part 2...

2
...

자신과의

관계

수무상형 (김대열)

내면의 주인이
필요하다

내 안에는 무수한 내가 공존한다. 나를 미워하는 나, 남을 미워하는 나, 욕망에 사로잡힌 나, 두려워하는 나, 잘 보이고 싶어하는 나, 위대해지고 싶어 하는 나, 존경받고 싶어 하는 나, 봉사하고 사랑을 베풀고 싶은 나, 진리를 구현하고 싶은 나 등등 무한히 많은 나들이 내 안에서 끊임없이 자기 목소리를 낸다. 상황이 변하면 그에 따라 내재된 이러한 작은 나가 나타나 자기목소리를 낸다. 내 안에 머물고 있는 게으르고, 투정을 부리고, 후회하고, 욕심 부리는 부정적인 나를 아무리 짓누르고 부인하더라도 그것과 연관이 있는 상황이 나타나면 그 작은 나는 어김없이 자기의 목소리를 내기 시작한다.

그간의 삶을 돌아보면 그러한 여러 가지 작은 부정적 "나들"의 지배로부터 벗어나고자 하는 노력과 그렇지 못함으로써 오는 자책감의 내적 갈등으로 괴로워한 적이 많다. 몸무게를 줄이겠다

고 결심하는 나가 있는가 하면, 맛있는 음식이 있으면 배가 터지
도록 먹어야 성이 차는 나가 또한 작동한다. 수없이 후회를 반복
하고 새로운 다짐을 반복한다. 그러한 나로부터 벗어나겠다고 결
심해도 그것과 연관된 상황이 발생하면 무의식 속에 숨어 있던
작은 나는 어느새 고개를 들고 내 의식세계의 주인 행세를 한다.
무수히 작은 '나'들의 속삭임에 속아 넘어가고, 후회하고, 다시
그러지 말아야겠다고 다짐하는 삶의 회전목마는 어김없이 돌아
갔다.

그렇다고 하면 나의 삶의 구성요소인 그 작은 '나'들은 어디
서 왔는가? 왜 지칠 줄 모르고 자신을 드러냈다가 사라지면서 내
삶을 지배할까? 그것은 내가 살아오면서 내가 스스로 만들어낸
과거 삶의 산물이다. 그렇게 하니 편하고, 즐거우며, 내게 도움이
된다고 스스로 만들어서 무의식 속에 저장한 내 삶의 산물이다.
그러니 그것들과 더 이상 싸우지 말고, 없애려고 발버둥치지 말
고 나의 일부임을 인정하고 수용해주자. 중요한 사실은 과거 내
삶의 방식의 일부로 만들어진 작은 나들이 나도 모르는 사이에
내 삶의 주인 노릇을 하고 있다는 것이다. 과거 욕망의 반복적
충족과정에서 탄생된 이 작은 '나'들에게 삶의 주도권을 더 이상
빼앗기지 말고 이를 내가 가져오면 된다.

이를 위해 가장 중요한 것은 작은 '나'들에게 휘둘리고 있는
나를 직시하는 것이다. 그리고 그 삶의 방식이 자신에게 가져다

주는 결과가 무엇인지 살펴야 한다. 이를 위해 먼저 작은 '나'들이 내는 목소리를 듣고 알아차려야 한다. 다음으로 그 목소리를 내게 된 배경에는 무엇이 있는지 알아야 한다. 작은 내면의 나들이 소리를 낼 때 외면하고 억누르면 그 목소리는 잠시 잠복하지만 누르면 누를수록 그 목소리는 커진다. 그러니 그 목소리를 들어주고 인정해주어야 한다. 하지만 작은 '나'들의 목소리가 자동적으로 작동하기 때문에 이를 알아차리지 못하고 당연시하는 경우가 많다.

먼저 '아! 현재는 이런 내면의 목소리가 자꾸 들리고 있구나!' 하고 알아차리고 바라보자. 동시에 그 작은 목소리를 내게 하는 그 바탕에 진짜 욕구가 무엇인지 직시해보자. 인간만이 유일하게 내가 무엇을 할 때 자신이 무엇을 하고 있는지를 알 수 있는 '바라보는 나'가 작동한다. 자신을 객관화시켜 바라보는 나가 "참된 나"다. 작은 '나'들은 과거 내 삶의 산물이다. 이들은 현재를 과거의 경험 속으로 자신을 자꾸 유인하여 가는 놈들이다. 그러니 먼저 바라보는 나를 중심으로 작은 '나'들의 작용을 인지하고 그것들과 먼저 대화를 시도해야 한다. 그렇게 할 때 드디어 작은 '나'들에게 휘둘리지 않는 내면의 주인을 탄생시킬 수 있다. 어느 조직이나 사회에도 리더가 있듯이 내 내면에도 나를 끌어가는 리더가 있어야 한다. 그리고 작은 나들과 내면의 대화를 통해 그들의 목소리를 관리할 수 있어야 한다. 이를 통해 드디어 나는 내 삶을 주도하는 내 안의 참 주인을 탄생시킬 수 있는 것이다. 내 삶의 주도권을 회복하고 과거로부터 벗어나 진정한 나로 살아갈 수 있게 된다.

주인이 집에 없으면 항상 도둑들이 판을 치듯, 내 안에 내 삶을 성찰하고 바라보는 나가 없으면 상황에 따라 출몰하는 무수한 작은 나들이 판을 친다. 그러니 중요한 것은 바라보는 나가 내 삶의 주인이 되고 작은 '나'들을 관리할 수 있는 힘을 가져야 한다. 스스로 기대에 어긋나는 일을 했다고 후회하고 미워하고 자신을 책망한다고 도움 되는 것은 하나도 없다. 중요한 것은 그러한 행동을 한 자신을 성찰하고 참회하며 좀 더 나은 방향으로 발전시키려 노력하는 것이다. 끝없는 자신과의 내적 갈등을 이제는 종식시켜야 한다. 다시 말해 내 삶을 주도해왔던 작은 '나'들을 나의 일부로 수용하면서 작은 '나'들의 의외의 활동들에 대한 원망과 책망으로부터 자유로워져야 한다. 보채던 아기를 엄마가 안아주면 울음을 그치듯 바라보는 나가 작은 나를 큰 사랑으로 바라보고 수용하면 그의 힘은 약화된다. 내 안에 작용하는 무수한 작은 '나'들의 목소리를 들어주고 그들이 작동하는 근본 욕구를 인정해주면 그들의 목소리는 점차 작아진다. 어떠한 느낌과 생각과 감정이 자신을 지배하더라도 그것을 먼저 알아차리고 수용하고 허용한다. 그리고 이를 흘려보낸다.

무엇을 어떻게 해야 한다는 기준을 만들어 자신을 한계 짓지 말고 자신의 내면에 일어나는 그 어떠한 느낌과 생각 그리고 감정도 모두 허용하자. 어떠한 불행도 허용할 수 있고 어떠한 행복도 허용할 수 있어야 한다. 이렇게 자신에게 스스로 모든 것을 허용할 수 있는 것 그것이 자신과의 평화를 선언하는 방법이다. 그러면서 그것들을 자연스럽게 흘려보내자. 민들레 꽃씨가 바람에 흩어지듯 내면의 작은 '나'들을 인정해주고 수용해주면서 흘려보내자. 자신의 과거의 삶을 통해 스스로 만들어내 의식세계에 영향을 미치던 작은 '나'들을 놓아주자. 그러면 진정 나는 나로부터 자유로울 수 있다. 그때 드디어 참된 내가 숨을 쉬고 깨어나서 자신의 주인이 된다.

2

자기편이
되자

　자신을 믿지 못하는 사람은 남들도 그를 믿지 못한다. 자신을
사랑하는 하지 않는 사람은 남으로부터도 사랑을 받을 수 없다.
자신을 사랑하면 세상도 그 사람을 사랑한다. 자신에 대한 불만
이 가득한 사람에게는 불행과 불운이 끌려온다. 우리는 자신을
구박하면서 인생을 살아가는 경우가 많다. 무슨 일을 하든 그 일
이 끝나면 자신을 자책하는 경우가 많다. "내가 왜 그렇게 했을
까? 나는 왜 사람이 그렇게 어리석지?" 스스로에 대한 불평불만
이 그득하다. 음식을 먹고 나서 감사한 마음보다 너무 많이 먹었
다고 자신을 책망하고 메뉴를 잘못 선정했다고 자책한다. 몸이
아프면 아픈 대로, 불편하면 불편한 대로 늘 불만을 가지는 경우
가 많다. 자신의 무의식 속에는 그동안 살면서 스스로 행한 책망
과 자책, 후회와 원망의 부정적 자아개념이 그득하다. 그러니 주
변 사람들과 긍정적인 관계를 만들어갈 심적 여유 공간이 없다.

타인과의 좋은 관계를 위해서는 먼저 자신은 항상 자기편이 되어야 한다. 어떠한 실수를 저지르거나 잘못을 했더라도 자기는 자기편이 되어야 한다. 자기편이 된다는 것은 자기변명과 자기합리화의 논리에 빠져 스스로 한 일에 대한 자기정당화를 한다는 의미가 아니다. 자기편이 된다는 것은 자신을 인정해주는 것이다. 자신과의 내적 대화를 통해 자신의 생각과 감정을 수용하고 공감해주는 것이다. 상대방에 미운 감정이 일어나면, 남을 미워하면 안 된다고 자신을 다그치기보다는 미운 감정이 일어나게 된 그 배경을 이해하고 괜찮아, 그렇게 생각하기를 잘했어 하고 스스로를 위로하고 인정해주어야 한다. "잘했어! 어때, 그렇게 느끼고 생각해도 돼!" 하고 스스로를 응원한다는 것이다. 아무리 어려움을 겪더라도 자신을 믿어주고 힘을 북돋워 준다. 운동경기에서 관중들은 자기편에게 무한 신뢰와 용기를 보낸다. 넘어져도 다시 일어나도록 격려와 힘을 준다. 선수들이 힘들어할 때 위로해주고 승리에 함께 기뻐해주며, 패배에 함께 슬퍼하는 진정한 응원자 역할을 한다. 그와 같이 모든 관계에서 잘못을 저질렀더라도 자기 비난과 비판보다는 '그래도 괜찮아' 하고 스스로를 위로하고 진정한 자기편이 되어 힘과 용기를 줄 수 있어야 한다. 그리고 깊은 성찰을 통해 바른길을 찾아가는 배움의 기회로 삼을 줄 알아야 한다.

자신을 있는 그대로 받아들이고 자기의 편이 되어서 스스로를 성찰하면서 자기의 감정에 책임질 수 있어야 한다. 그렇지 않으면 남들의 눈치를 보고 남들의 감정을 책임지려 남의 살림살이 하는 데 급급하게 된다. 혹은 사회에서 제시하는 그래야만 한다는 기준을 가지고 스스로를 평가하면서 사회의 통념 편에서 현재 자신을 평가하고 그 기준에 못 미치는 자신을 구박하면서 산다. 많은 경우 사람들은 자기가 바라는 그리고 되고 싶은 이상적인 자아상을 머릿속에 그린다. 그리고 현재 자신과 비교한다. 이상적 자기 모습과 현재 자신의 모습을 비교해보면 현재의 자신은 늘 초라하고 부족하다. 그런 현재의 자신을 자꾸 구박하고 책망한다. 자신이 해결해야 할 문제가 무엇인지만을 바라보고 그것에 얽매여 문제 중심의 삶의 나락에 빠지게 된다. 그러니 매일의 삶이 고통이요, 불만과 불안의 연속이다.

하지만 이상적 자아는 허상이라는 사실을 알아야 한다. 자신의 머리로 만들어낸 영원히 잡을 수 없는 파랑새요, 아지랑이라는 것이다. 자신이 존재하는 현재의 순간만이 실재한다. 실질적인 존재현상이 발현되고 있는 것은 지금 이 순간이다. 과거의 회한이나 미래의 불안은 모두 허상이다. 그것은 자신을 문제의 수렁으로 끌어들이는 마구니의 장난이다.

현재 존재하고 있는 이 자리에서 모든 생명체를 살리는 위대한 생명력은 작동하고 있다. 그 자신의 생명력과 가능성을 토대로 새로운 나를 만들어가야 한다. 헛된 과거의 회한과 미래의 불안 모두 흘려보내고 지금 이순간 온전한 자신의 생명력과 가능성에서 오는 그 힘을 알아차리고 인정하고 이를 토대로 자신의 삶을 펼쳐 나아가야 한다. 우리는 우리가 생각하는 것보다 위대하다. 그것을 스스로 알고 이를 토대로 자신의 위대성을 깨우고 펼쳐 나아가는 것이 진짜 자기편이 되어서 살아가는 것이고 자신과 바른 관계 맺음이고 그것이 온전한 자기와 관계의 숨을 틔워 나아가는 길이다.

3

깨어나자

대학에서 학생들을 가르치다 보면 특히 모범생일수록 부모님 말씀 잘 듣고 우리 사회가 요구하는 가치 기준을 철저히 준수하는 삶을 살아가는 경우가 많다. 과제를 잘해오고 강의를 잘 듣고 교수가 가르치는 내용을 정확하게 이해하고 답안을 아주 잘 쓴다. 이 사회에서 요구하는 자격증도 많이 따고 필요한 스펙도 잘 쌓아간다. 그런 학생은 이 사회에서 해야만 한다고 하는, 필요하다고 하는 가치를 수용해서 자기화하면서 생활한다. 좋은 점수, 좋은 스펙, 좋은 직장, 바른 행동으로 흠잡을 데 없다. 무엇을 원하는지 물어보면 우리 사회에서 일반적으로 사람들이 이야기하는 보편적 바람을 그대로 이야기한다. 좋은 직장 가지고 싶다, 여행하고 싶다, 좋은 차를 사고 싶다, 좋은 배필을 만나서 안정되고 행복한 가정을 일구고 싶다. 이러한 학생들의 삶은 철저하게 이 사회에서 부모가 바라는 혹은 선생님들이 가르친 삶을 살고 있는 것이다. 이는 자기에게 참된 기쁨을 주는 삶이라고 하기보다는 부모를 기쁘게 하는 삶 그리고 사회가 요구하는 보편적 기준에 중심을 둔 삶이다. 하지만 아직 철이 들지 않은 것이고 깨어나지 못한 삶이다. 잠자는 삶은 어제의 나와 오늘의 내가 변화가 없다. 사회가 준 기준에 따라 구축한 삶의 틀에서 반복적으로 살아가는 다람쥐가 쳇바퀴 도는 것과 같은 삶이다.

많은 선각자들은 수없이 "깨어 있어라." 혹은 "깨어나라."라고 권한다. 깨어나라는 것은 사회에서 일반적으로 그렇게 살아야 한다고 하는 보편적 기준에서 벗어나 자신 내면의 소리를 듣고 스스로 결정하고 선택한 참된 자기의 삶을 살아가라는 말이다. 이를 위해서는 먼저 깨어 있어야 한다. 깨어 있다고 함은 현재 자기 삶에 대한 철저한 자각에서 출발한다. 자신의 기준으로 자신을 살아가는지 아니면 남의 기준과 눈으로 살아가는지에 대한 자각이다. 우리가 살아가다 보면 주변에 많은 사람들이 자신의 생각을 수용하도록 강요한다. 매스컴, 각종 매체 그리고 각종 교육시스템을 통해 사람들은 우리들의 의식과정에 영향을 미친다. 우리는 자신도 모르는 사이에 그들의 주장이나 가치를 수용하고 그들이 원하는 대로 살아가는 데 익숙해진다. 또한 자기가 무엇을 결정할 때는 과거 경험에 의지한다. 즉 현재 순간에 충실하기보다는 과거에 의지해서 현재를 살아간다. 그러한 자기에 대한 이해와 통찰이 곧 깨어 있음이다. 순간순간 자기가 하는 말이나 행동의 참된 주인은 누구이며, 자기의 말과 행동은 주변 사람들에게 어떤 영향을 미치는지 깊이 있는 성찰이 곧 깨어 있음이다. 또한 자기가 얼마나 소중하고 위대하며 자신의 내면에 얼마나 큰 잠재력이 작동하고 있는지에 대한 자각이 곧 깨어 있음이다.
그렇지 않으면 아무리 열심히 살아도 진짜 자기 자신으로 살지
못하는 잠자고 있는 상태이다.

깨어나기 위해서는 먼저 외부로 지향하던 자신의 마음을 내
면으로 향하게 해야 한다. 그리고 자신의 존재성이 전하는 메시
지를 자꾸 들을 수 있어야 한다. 함석헌 선생은 자신의 내면이
전하는 이야기를 듣기 위해 스스로 자발적 고립의 공간과 시간
을 갖기를 권한다. 즉 자신만의 비밀의 장소와 시간을 가지면서
자기의 존재성이 전하는 메시지에 귀 기울여 들어보라고 권한다.
"그의 그대는 골방을 가졌는가?"라는 시에서 우리의 눈, 코, 입,
귀 모두 닫고 외부의 세상 소리를 다 끊으면 극진한 내면의 꿀
같은 속삭임을 들을 수 있다고 전하고 있다.

이렇게 내면의 소리를 들으면서 무엇이 너와 나를 위해 도
움이 되는지 스스로 결정해서 자기의 삶을 살아가기 시작할 때
우리의 가능성은 깨어나기 시작한다. 나를 위해 너를 위해 더
의미 있고 큰 삶을 살아가기 위해 끊임없이 자신을 변화 성장시
킬 때 우리 내면에 잠자고 있던 가능성은 자기호흡을 시작한다.
과거의 경험을 토대로 형성된 자신을 묶고 있는 관념의 밧줄을
풀고, 자신의 내면의 기쁨이 무엇인지 발견하고 이를 통해 자신
의 빛을 발하기 시작할 때 우리는 점차 깨어날 수 있다. 해야만
하는 수동적 삶에서 진정으로 자신에게 기쁨을 주는 일들을 시

작하는 것, 자신이 스스로 만들어낸 한계를 초월하여 한 차원 높은 새로운 존재방식을 만들어갈 때 우리는 깨어나기 시작하는 것이다.

4

빅 마인드를
활용하자

자신의 이익과 욕망, 그리고 감각적 즐거움에 기초를 둔 마인드를 자기중심의 이기적 스몰 마인드라고 하면, 빅 마인드는 상대방을 수용하고 용서하고 사랑하며 도움을 주고자 하는 이타적 마음이다. 크기로 볼 때 마음은 아주 작아 좁쌀만 할 수도 있고 아주 커서 온 우주를 다 담아도 남을 만큼 장대할 수도 있다. 마음이 작은 사람은 답답하고 자기이익에만 급급하며 옳고 그름을 따지기에 분주하다. 하지만 마음이 큰 사람은 이해해주고 감싸주고 기다려주고 믿어주며 자신의 이익보다 공동체 전체의 이익을 중요시한다.

혹자는 마음이 크며 웅혼함이 있어야 한다고 한다. 마음이 웅혼(雄渾)하다는 것은 마음이 웅대하고 위세가 당당하며 강한 힘이 있음과 동시에 그 깊이와 끝을 알 수 없음을 말한다. 관계의 핵심은 마음자세이다. 그러니 큰마음, 웅혼한 마음을 갖기 시작할 때 우리의 관계가 그만큼 성장하고 발전할 수 있다.

　나의 삶을 돌아보건대 많은 경우 시시비비를 가리고, 불평불만 속에서 자존심만을 내세우는 작은 마음으로 대부분 살아온 듯해 마음이 씁쓸하다. 그러한 마음으로 살아감에 관계의 성장은 없었다. 단지 자기방어와 변명을 일삼고 비난과 비판만 난무했다. 상대가 무엇을 잘못했는지 따지고 심판하기에 급급했고 나에게 이익 되는 것이 무엇인지 머리 굴리기에 바빴다. 작은 이익에 웃고 작은 손해에 우는 굴곡지고 헝클어진 관계의 연속만 있었을 뿐이었다.

　우리의 마음은 크고 높은 품격과 고결한 정신체로 성장 가능하다. 어렸을 때는 작은 사탕 하나 가지고도 형제와 싸우고 다투었다. 하지만 지금은 그렇지 않다. 왜냐하면 그만큼 마음이 커졌기 때문이다. 그래서 누군가는 마음의 성장을 벼 농사짓는 것에 비유하여 설명한다. 늘 잡초도 뽑아주고 필요한 자양분을 주고 가꾸면 꽃이 피고 열매를 맺어 많은 사람들과 나눌 수 있는 벼농사와 같이 마음도 그렇게 성장하고 열매를 맺을 수 있다는 것이다. 성경에서도 베드로는 예수님께 답답한 마음에서 묻는다. "저에게 죄를 저지른 사람을 몇 번이나 용서해야 합니까? 한 일곱 번 정도 용서를 하면 되겠습니까?" 예수께서 답하시기를, "일곱 번만이 아니라 일곱 번씩 70번이라도 용서해야 한다."고 이르셨다. 빅 마인드로 다가가고 그 크기를 자꾸 키우라는 말이다. 금

강경에서도 부처님에게 제자가 묻는다. "수행자들은 어떤 마음을 내고 어떻게 마음을 다스려야 하겠습니까?" 부처님이 답하신다. "사람들뿐만 아니라 이 우주의 모든 생명체, 심지어 죽은 영혼까지도 구하겠다는 큰마음을 내야 한다. 그리고 그 중생들을 고통에서 구하기 위해 끊임없이 노력해야 한다. 그리하여 설사 수많은 중생을 구했다고 해도 한 중생도 구했다는 마음을 내지 마라."고 하셨다. 내가 누군가를 구했다는 마음을 내는 순간 나와 남이 구분되고 내가 무엇을 했다는 작은 자기중심의 에고심이 작동하기 때문이다. 그러니 스몰 마인드에 빠지지 말고 모든 것을 수용하며 그들의 아픔을 안타까워하는 빅 마인드를 내고 거기에 머무르되 머무르고 있다는 생각조차 하지 말아야 한다고 이른다.

스몰 마인드 중심의 삶은 모든 책임을 남에게 전가한다. 자기를 방어한다. 자기를 합리화시킨다. 현재의 자신을 이익 되게 하고 지키는 데 급급하다. 생존경쟁에서 이기는 것을 최고의 가치로 한다. 그러니 스몰 마인드로 살아갈 땐 머리를 굴리는 데 여념이 없다. 하지만 큰마음은 모든 일에 감사한다. 만상을 있는 그대로 수용하고 객관적으로 세상을 직관하며 지혜가 넘친다. 지엽적인 문제에 집착하거나 빠져서 가타부타 하는 데 시간을 보내지 않는다. 어떤 일에 직면하든 긍정적이며 배움의 기회로 삼는다.

크고 웅혼한 마음으로 살아가는 사람과는 무슨 일을 해도 일생을 걸고 같이 할 수 있으며 영원히 함께 할 수 있다. 마음 씀씀이는 습관이다. 상대를 이해하고 존중하며 일곱 번씩 70번이라도 용서하는 큰마음으로 다가가는 삶을 살아갈 때 우리는 빅 마인드의 위대성을 깨닫게 되고 발전하고 성장하게 된다.

5

마음에
상처받지 말자

마음은 지혜의 터전이다. 그래서 성경에서도 네 "마음을 지
키라. 거기서 생명의 샘이 흘러나온다."라고 했다. 특히 사람과의
관계에서 마음에 상처를 받게 되면 원만한 관계 형성이 힘들다.
서로의 관계를 발전시키면서 긍정적 시너지를 만들어낼 수 없다.
상처받은 마음에는 미움, 비난, 두려움이 싹트고 상대에 대한 방
어망이 쳐진다.

예를 들어 지나가던 사람과 어깨를 부딪쳐 통증을 느꼈다면,
머릿속으로 상대방이 자신을 밀쳤으며 자신에게 무례한 행동을
했다고 생각하기 쉽다. 그리고 예의가 없다든지 아니면 사과도
하지 않았고 그냥 간 나쁜 놈이라고 생각할 수 있다. 점차 마음
에 분노가 치밀어 올라온다. 이 과정에서 일어난 사건은 단지 서
로 부딪쳤다는 사실이다. 하지만 "밀쳤다. 무례하다." 하고 그 사
실을 반복해서 생각할수록 상대방이 옳지 않다는 결론에 이르고

재수가 없다느니 요사이 사람들이 다 문제가 있다느니 생각이 생각의 꼬리를 물고 일어난다. 이는 분노라는 감정의 발생원이 되어 점차 마음의 상처로 남을 수 있다.

이는 아주 단순한 예지만 가정이나 직장에서 혹은 친구들 간에 이러한 사소한 사건이 큰 싸움으로 번지면서 서로 간에 마음에 큰 상처를 주는 경우도 다반사다. 사람이 살면서 힘든 사건이나 일에 직면하면 좋지 않은 느낌을 갖는 것은 당연하다. 하지만 그렇다고 해서 이러한 사건으로부터 모두가 같은 마음의 상처를 받는 것은 아니다. 마음의 상처의 유무, 깊이, 크기 그리고 유형은 사람마다 다 다르다. 이 말은 마음의 상처는 사건에 의해 발생하기보다는 그 사건에 대한 대응 방식에 따라 달라질 수 있다는 의미이다.

예를 들어 주말 점심에 한 친구가 자신의 집을 방문하기로 했다고 하자. 그 친구를 대접하기 위해 일주일 내내 신경을 쓰면서 음식을 장만했다. 한데 약속한 날 오전 11시경에 그 친구로부터 다른 일이 생겨서 올 수 없다는 연락을 받았다고 하자. 이런 경우 그 친구의 행동으로 인해 그 사람은 실망감과 배신감을 느낄 것이다. 이는 상대에 대한 미움으로 발전하고 마음의 상처로 남을 수 있다. 하지만 만일 자신이 전날 저녁 회사에서 회식이 있어서 새벽까지 술을 마셔 몸이 몹시 피곤했다고 가정해보자. 그래서 주말에 만사 다 제쳐놓고 쉬고 싶었다고 하자. 친구가 점심에 오기로 해서 그간 마련한 점심을 나누고 오후에 함께 시간을 보낼 수밖에 없는 상황이었다. 그런데 친구가 갑자기 못 오겠다는 전화를 했을 경우 자신의 감정은 어떻겠는가? 아마 그 친구가 고맙고 다행이라는 생각이 들 것이다. 친구가 약속을 지키지 않았다고 하는 상황은 동일하다. 하지만 전자의 경우 상대에 대해 원망하는 마음이 들고 마음의 상처를 받게 되지만 후자의 경우 친구가 고맙고 다행이라는 전혀 정반대의 감정을 갖게 된다.

왜 그러한가? 마음의 상처는 특정한 상황에서 오는 것이 아니라 자신이 스스로 상황을 해석하는 데서 기인하기 때문이다. 즉 마음의 상처는 상황보다는 그 상황을 어떻게 해석하고 느끼느냐의 문제이다. 모든 사건은 그럴만한 조건이 형성되어 만들어지는 일시적 현상일 뿐이다. 이것을 통해 마음의 상처를 받느냐 않느냐는 우리의 선택에 달려 있다. 특정 사건에 생각이 묶여 분노와 미움 혹은 원망의 감정을 만들어 스스로를 괴롭히지 않으면 우리는 마음의 상처로부터 자유로울 수 있다.

어떠한 사건이든 그것은 그럴만한 이유가 일어났을 "뿐"이라고 생각하고 그 사건으로부터 자신을 객관화시켜서 부정적 해석보다는 긍정적 해석을 할 수 있도록 습관화해 보자. 그렇게 되면 우리는 어떠한 사건이 일어나도 마음의 상처를 최소화할 수 있다. 마음의 상처를 받게 되면 마음에 부정적 에너지가 자꾸 축적된다. 상대와의 관계에서 자꾸 방어적이 될 가능성이 크다. 큰마음으로 수용하고 용서하며 지혜롭게 문제에 대처할 가능성을 차단한다. 그러니 마음의 상처를 받지 않을 수 있도록 최대한 노력하는 것이 중요하다. 이를 위해 최고의 방법은 어떤 일이 일어나든 그러한 일이 일어날 조건이 형성되어 일어났을 "뿐" 하고 그 사건과 자신의 사이에 심리적 공간을 두어보자. 그리고 부정적 생각과 감정이 일어나면 그러한 생각 혹은 감정이 일어났구나 하고 이를 자연스럽게 흘려보내 보자. 이때 우리는 마음의 여유를 가질 수 있고 그 사건으로부터 받게 되는 마음의 상처로부터 자유로워질 수 있다.

Part 3...

3

타인과의

관계

운고기정 (김대열)

1

왜
온전한 자신으로
다가가지 못하나?

우리는 왜 서로 마음을 열고 온전한 자기로 서로를 대하지 못하며 살아가나? 왜 내면의 진솔한 느낌과 생각으로 세상의 모든 상대와 함께 살아가는 것이 그렇게 힘들까? 아마도 가장 큰 이유는 상대방이 무슨 말을 하거나 행동을 하면 과거 경험과 지식을 통해 이를 이해하고 평가하기 때문일 것이다. 특히 살아오면서 체득한 사회의 통념에 비추어 상대의 행동을 옳은지 그른지 판단한다. 인간관계에서 일어나는 어떤 상황이나 사건에 대해 상대를 존중하고 그에 대한 깊은 관심과 애정으로 다가가기보다는 자기 기준을 통해 상대를 평가하고 그것에 반응한다. 사회에서 이미 틀 지어놓은 기준에 따라 그 사람의 사회적 배경이나 경제력을 토대로 그를 대한다. 길에서 누가 돈을 달라고 할 때 그 사람의 눈빛이나 얼굴에서 진정으로 말하는 그 이야기를 듣고 가슴에서 우러나는 느낌에 반응하기보다는 '거리의 노숙자는 게으르다.' '도와주면 망친다.' 등, 삶을 통해 습득한 가치와 행동 기준에 따라 해석해 거기에 반응한다. 그러니 진정한 나의 내면에 흐르는 느낌은 소외된다. 상대를 사회적 관념에 사로잡힌 채 대하니 우리는 순수한 마음으로 그를 있는 그대로 만나지 못한다.

또한 우리는 자신을 다른 사람들과 자꾸 비교하는 데 익숙해져 있다. 다른 사람들과 비교하는 순간, 세상에 하나뿐인 나로서의 고유성에서 발현되는 느낌이나 생각은 무시된다. 그리고 상대방의 외적 요인에 정복당하기 시작한다. 상대방의 외적으로 보이는 요소와 행위결과가 소중한 것이 되고, 나의 내면의 느낌은 무시된다. 특히 나와 상대를 비교할 때는 주로 나보다 더 나은 사람과 비교하는 경우가 많다. 그렇다 보면 그 사람의 외적 요인이 평가의 기준이 되기 때문에 내 삶의 고유한 가치와 마음에서 울리는 '제소리'는 무시되고 소외된다.

그 밖에도 우리는 어떤 행동을 할 때 그렇게 행동하게 되는 이유를 주변의 환경적 조건에서 찾는 경우가 많다. 즉 자신이 특정한 행동을 하게 되는 내적 동기는 부정되고 '남들이 하니까, 그것이 관습이니까, 나의 충동을 나도 어쩔 수 없어서!' 등등 외적 요인으로 자신의 행동을 정당화한다. 진정으로 내면의 마음이 깨어나서 스스로 선택하고 결정하면서 행동하는 경우는 자꾸 줄어든다. 자신의 진솔한 느낌, 양심의 소리에 반응하고 그 결과에 책임지는 데 익숙하지 못하니 진정한 참된 자아로 상대에게 설 수 없다.

마지막으로 우리는 지속적으로 우리 사회의 위계질서 안에서 어떻게 행동해야 한다는 학습을 해왔다. 어떻게 하는 것이 중요하고 무엇은 꼭 해야 한다는 식이다. 이를 통해 우리 안에 느끼는 생동감과 내적 요구를 표출시키는 기회가 차단된다. 이로 인해 자신의 위대한 본성의 작용을 깨워서 거기서 우러나는 느낌과 생각으로 관계 맺으며 살아갈 기회를 잃어버린 것이다.

이러한 삶의 과정에서 우리는 스스로를 한계 짓고 사회의 통념 안에서 스스로 학습된 무기력감의 노예가 되는 경우가 많다. 자신은 안되는 사람, 무엇만 하면 실수하는 사람, 보잘것없는 사람으로 묶어둔다. 그러니 자신감을 상실하고 타인에 혹은 조직에 한 부속품이 되어 살아가는 피동적 존재 방식에 익숙해졌다. 우리가 만들어놓은 한계 뒤에 정말 상상하지 못할 기적 같은 가능성이 있다는 것을 우리는 망각한 채 거대한 사회적 구조의 일부가 되어 그렇게 살아가는 것이다.

마음과 마음으로 서로 소통하고 진솔한 대화가 가능하려면 내 느낌과 생각을 소중하게 여길 줄 알아야 한다. 남들이 내 느낌과 감정을 알아주길 기대하지 말고 진솔하게 자신의 느낌과 바람을 표현하고 상대에게 원하는 것에 대해 구체적으로 말할 수 있어야 한다. 제 소리에 먼저 눈을 돌리고 귀를 열어 들어보자. 이를 토대로 온전한 자기로서 세상을 대해보자. 그것이 진정한 자유가 아닌가 생각한다.

2

상대방의 말을
옮기지 말자

우리는 말을 하지만 자신이 한 말에 지배당하는 경우가 많다. 일단 말을 하고 나면 그 말은 주워 담을 수 없다. 옛말에 혀 밑에 도끼가 있어 남을 해치고 자신도 해친다고 했다. 인간관계는 이 혀 밑의 도끼인 '말'을 어떻게 사용하느냐에 달려 있다.

사람들에게 믿을 수 있는 사람의 특징을 들라면 많은 경우 자신이 들은 이야기를 다른 사람들에게 옮기지 않는 사람이라고 답한다. 우리는 왜 그런 사람을 믿을 수 있다고 생각하는가? 그 사람은 말의 위험성을 잘 알고 있기 때문이다. 일단 말이 입 밖을 나오면 와전되고 왜곡된다. 자신이 의도하지 않은 방향으로 전달될 가능성이 높다. 말은 매우 변덕스럽다. 나쁜 의도가 없다 하더라도, 당장 입 밖에 나가면 통제가 불가능하다. 말이 돌고 돌면 점차 그 몸집을 불려 괴물로 변해 있음을 알 수 있다. 별것이 아닌 말에 사람들은 크게 다치고 큰 상처를 받는 경우도 많다. 말을 옮기면 그 말은 커지고 꾸며지게 되고 다양한 의도에 의해 왜곡된다. 그러니 옮겨진 말이 처음의 성질을 온전히 지니고 있는 말을 찾기는 거의 불가능에 가깝다. 말을 옮기지 않는 사람들은 이러한 말의 위험성을 막아주는 보루의 역할을 하는 것이다.

그는 상대와 약속을 지키는 사람이다. 일반적으로 비밀 이야기를 할 때 다른 사람에게는 말하지 말라는 주문을 덧붙이는 경우가 많다. 그럴 경우 전해 들은 말을 다른 사람에게 전하지 않는 것은 그 사람과 약속을 지키는 것이다. 그러니 그 사람을 믿을 수 있게 된다. 타인의 비밀을 알면 이를 다른 사람들에게 이야기 하고 싶은 욕구가 지속적으로 작동한다. 예로부터 어리석은 사람은 무슨 말을 듣고 옮기지 못하면 산고를 치르는 여자처럼 고통을 느낀다고 했다. 또한 넓적다리에 화살을 맞고 그것을 빼려 하듯 귀에 박힌 말을 못 옮겨 안달이 난다고 했다. 입이 천금같이 무거운 사람은 이러한 내적 목소리에 흔들리지 않고 이를 이겨내는 강건한 큰마음의 소유자이다. 전하고 싶어 하는 마음의 욕구를 극복하고 상대방의 입장을 배려하는 큰마음을 쓰는 사람이다. 그러니 그 사람을 믿을 수 있게 된다.

일단 말을 옮기고 나면 자기 자신 안에 내가 왜 또 이 말을 옮겼지 하고 자책하는 마음이 일어난다. 자신과의 약속을 지키지 못한 회한과 동시에 상대방이 이를 당사자에게 이야기하면 어떻게 하지 하는 불안한 마음도 생긴다. 그 밖에 상대방이 자신의 말을 옮긴 것을 알고 이를 나무라면, 자기변명과 방어에 급급할 수밖에 없게 된다.

그러니 우리는 타인의 말을 잘 옮기지 않고 마음에 묻어두는 사람에게는 마음을 열고 속에 있는 말을 다 하게 된다. 이로 인해 서로의 믿음이 굳어지고 관계는 더욱 깊어진다. 이런 사람 주변에 사람들은 더욱 많이 모이게 된다. "남의 말을 옮기지 마라. 그러면 해를 입지 않으리라."는 옛말을 늘 되새길 필요가 있다.

불교에서는 10가지의 참회를 매일 하도록 권한다. 인간이 살면서 저지르는 죄가 10가지인데 이를 분류하면 하나는 몸으로 짓는 죄 3가지 그리고 입으로 짓는 죄 4가지 그리고 마음으로 짓는 죄가 3가지이다. 즉 우리는 입으로 짓는 죄가 가장 많다. 입으로 짓는 죄 중에는 첫 번째가 거짓말을 하는 것이고, 두 번째가 아첨하고 아부하는 말이며, 세 번째가 한 입 가지고 두말하고 이간질시키는 말이고 네 번째가 남을 욕하고 험담하는 것이다. 상대방이 한 말을 남에게 옮기지 않으면 우리는 이 입으로 짓는 4가지의 죄에서 벗어날 수 있다.

3

먼저
사과하자

　서로 간에 다툼이 지속되어 감정이 상해 있는 사이에 먼저 가서 먼저 사과하기란 보통 힘든 일이 아니다. 하지만 이때보다 자신의 관계 능력을 향상시킬 수 있는 좋은 기회는 없다.

　어느 날 한 모임에 가서 인간관계에 관한 특강을 하기로 되어 있었다. 그 강의의 내용 중에 하나가 먼저 사과하라는 내용이었다. 나 자신은 실행을 못 하면서 이러한 내용의 강의를 한다는 것 자체가 큰 모순이라는 생각이 들었다. 그래서 그 모임의 강단에 서기 전에 그동안 서로 간의 갈등으로 마음의 상처를 받고 연락을 끊고 살아왔던, 하지만 마음 한구석에는 늘 해결해야 할 짐으로 남아 있던 한 친구에게 내가 먼저 전화를 하기로 결심했다. 하지만 내면의 작은 나는 자꾸 저항을 했다. '꼭 그럴 필요가 있나? 그 친구가 퉁명스러운 반응을 보이면 어떻게 하지?' 등 온갖 생각들이 머리에 스쳤다. 그 친구를 머리에 떠올리는 것만으로도

스트레스였다. 그냥 안 보고 살기로 결심했으니 더 이상 연락하지 말자는 생각이 머리에 떠올랐다. 하지만 용기를 내어 전화를 하기로 결심했다. 그리고 전화를 걸려고 핸드폰을 들었다. 그 친구 이름을 검색해보니 오랫동안 연락을 하지 않아서 아예 전화번호가 저장되어 있지 않았다. 그 친구와 가까운 친구한테 전화를 걸어 그의 전화번호를 확인했다. 전화할 시간을 미리 정해놓았다. 그 시간이 가까워졌다. 드디어 전화를 걸었다. 전화벨이 몇 번 울리니 그 친구의 목소리가 들려왔다. 그 친구는 나의 전화에 너무 의아해하는 것 같았다. 그래서 "그냥 목소리 한번 듣고 싶어서 전화했어…" 하고 말문을 열었다. "사람이 죽을 때가 되면 마음이 변한다고 하더니 내가 죽을 때가 가까워진 모양이야. 자네한테 전화를 할 마음이 생겼으니…" 하고 대화를 이어갔다. 그 친구는 나의 전화에 무척 고마워하는 목소리였다. 그리고 그 즉시 다음 날 점심식사를 같이 하기로 약속했다.

먼저 사과하고 다가가는 것은 굳게 닫힌 자신의 마음 문을 여는 훈련이다. 마음을 흐르게 하는 것이다. 자신의 내적 교만을 극복하는 것이다. 그리고 내면에서 펴는 방해 작전을 극복하고 용서하고 사랑하는 큰마음을 활용하는 연습과정이다. 이는 상대를 위한 것이 아니라 자신을 위한 것이다. 이는 상대를 꼭 기쁘게 하려는 노력이 아니라 자신이 관계의 주인이 되어 새로운 관계를 창조하는 과정이다.

하지만 먼저 사과하기 위해서는 자신의 마음의 상태를 확고히 하는 것이 중요하다. 자기 마음의 문을 열고 서로 소통하고 이해하며 관계를 긍정적으로 만들어가겠다는 진정한 뜻이 확실해야 한다. 그렇지 않고 자기가 먼저 사과하려고 다가가는 경우는 자기를 보호하고자 하는 본능이 작동하여 더욱 관계를 망칠 수 있다. 특히 갈등을 회피하고 빨리 덮어버리려 한다는 오해를 받을 수 있다.

한동안 나의 처와 서로 다투고 갈등을 갖는 것은 좀 피해야겠다는 생각이 들었다. 그래서 의견이 대립되고 충돌이 일어나면 무조건 먼저 "내가 잘못했어." "당신의 말이 맞아!" 하고 수용해주기로 했다. 마음속으로는 처의 생각에 찬성하지 않고 불만을 가지고 있으면서 충돌이 있을 때마다 "당신 말이 맞아!"라고 맞장구쳐주었다. 내 처는 그 말이 가장 듣기 싫다고 했다. 그 말을 들을 때 더 기분 나쁘다고 했다. 지금 돌아보면 문제를 회피하기 위해 먼저 사과하다 보니 불신의 골만 더 깊어져 갔다. 그러니 먼저 사과하려면 마음을 정리하고 상대와의 관계를 개선하겠다는 결심이 서야 한다. 그리고 진정성을 가지고 진솔하게 사과해야 한다. 진정으로 먼저 사과함으로써 자신의 옹졸함을 뛰어넘고 서로의 만남을 소중하게 가꾸어가겠다는 간절한 염원이 있어야 한다. 그러면 설사 당시에 상대방이 받아들일 준비가 되어 있지 않아 거절하더라도 이는 그의 마음을 움직이는 원인으로 작용할 것이다.

자신의 책임을 회피하고 자기를 보호하고 그 순간을 모면하기 위한 수단으로 활용되는 사과가 아니라 마음에서 우러나 먼저 다가가서 하는 사과는 상대와의 관계를 개선하는 명약임에 분명하다.

4

공감하자

공감은 구태여 설명하자면 상대가 어떤 사건에 접하는 느낌을 공유하는 것이라고 말할 수 있다. 사고를 당했다고 하면 그 당시 사고를 당했을 때 당한 아픔과 고통을 같이 느끼는 것이다. 누구나 잘했건 못했건 자기가 감당할 수 없는 사건에 접했을 때 가슴에 밀려오는 공포 혹은 두려움과 같은 느낌이 있다. 상대방의 이러한 느낌을 가감 없이 있는 그대로 공유하는 것이 공감이다. 그래서 공감을 흔히 '감정의 이입(feeling into)'이라고 설명한다.

어느 직장 여성이 직장에서 자기 상사와 업무 때문에 심하게 다투었다. 그리고 많은 스트레스를 받고 퇴근 후 집에 가서 자기 남편에게 상사와 다툰 이야기를 털어놓았다. 남편이 객관적인 입장에서 자기 아내의 이야기를 들어보니 직장 상사의 주장과 논리가 더 옳다는 생각이 들었다. 그래서 자기 아내에게 "당신의 입장도 이해는 가나 내가 보기에는 그 상사의 말이 더 옳은 것 같다."고 말해주었다. 그 뒤로 한 달 동안 자기 아내가 토라져서 말을 하지 않았다고 한다.

아내가 남편에게 원하는 것은 자신을 동정해달라는 것이 아니었다. 즉 자기주장이 옳으니 내 생각에 동의해달라는 것이 아니었다. 그리고 상사에게 당했으니 같이 억울해하자는 것도 아니었다. 직장 상사와의 관계에서 받는 스트레스와 그 상황을 헤쳐 나아가면서 느끼는 어려움을 남편과 공유하고 싶었던 것이다.

기쁨은 나누면 두 배가 되고 아픔은 나누면 절반이 된다고 한다. 어떤 상황이 중요한 것이 아니다. 그 상황에 접하는 마음이 느끼는 상태가 중요하다. 그것이 본질이다. 공감은 그 마음의 상태와 공명하는 것이다. 어떤 상황이든 당시 일어나는 마음의 파장이 있다. 그것을 누군가 공감해주고 공유해줄 때 그 마음은 치유되고 평안을 얻는다.

어떤 여성이 중학교 때 불량배들에게 집단 성폭행을 당했다고 한다. 만신창이 된 몸으로 집에 가서 엄마한테 그 사실을 털어놓았다. 엄마는 이 사실이 주변 사람들에게 알려지면 앞으로 자기 딸이 시집도 못 가고 어렵게 살아가야 할 앞날이 너무 걱정이 되었다. 그래서 그 딸에게 제일 먼저 한 것은 이 사실을 누구에게도 이야기하면 안 된다고 철저하게 입단속을 시킨 것이었다. 그 후 아무 일도 없었던 것처럼 다음 날 학교를 가라고 했다.

그때 딸은 자신이 당한 도저히 감당할 수 없는 아픔을 엄마의 따뜻한 마음과 큰 사랑으로 감싸주고 느껴주고 함께 아파해주길 바랐는지 모른다. 즉 공감(feeling into)이 절실했다. 그러면 그 아픔은 절반이 되고 엄마의 사랑으로 어느 정도 치유의 길을 찾을 수도 있었다. 하지만 엄마의 덮고 감추려고만 하는 태도로 그 여성이 당한 치욕스러운 사건은 가슴의 깊은 곳에 상처가 되어 침잠하게 되었다. 이로 인해 그 여성은 자신은 더럽혀진 여자라고 하는 관념의 노예로 평생 고통에서 헤어 나올 수가 없었다.

관계의 숨은 공감하는 데서 틔워진다. 동정은 머리로 상대를 이해하는 것이라고 하면 공감은 가슴으로 상대와 함께 느끼는 것이다. 누군가 나를 동정해줄 때 우리는 고마움을 느낄 수도 있다. 하지만 여기에는 울림이 없다. 상대를 움직이는 힘이 없다. 동정은 자신의 입장에서 머리로 해석하고 분별한 인지적 작용의 결과일 뿐이다. 하지만 공감은 가슴으로 함께하는 것이다. 이때 우리 마음에 울림이 있고 감동이 있어 치유와 평안을 얻게 된다.

우리가 무엇이 옳고 그른지에 묶여 있는 한 우리는 공감할 수 없다. 상대방에게 가슴을 열고 다가가 서로 공감해주고 상대 마음의 상처를 보듬어줄 때 관계의 숨은 트고 서로 간의 문제를 해결하는 실마리를 찾을 수 있다.

5

이해와 통찰이
필요하다

앞 생각 붙잡아 미혹하면 중생이요, 뒷 생각을 깨달으면 부처라는 말이 있다. 우리가 말하고 행동하는 모든 것은 그 뒤에 그러한 말과 행동을 하게 되는 원인이 있다. 그 원인이 무엇인지 살피는 눈이 통찰이다. 그래야 진정으로 상대방의 말과 행동을 이해할 수 있다. 이는 개는 돌을 던지면 돌을 쫓아가고 사자는 돌을 던지면 그 돌을 던진 사람을 공격한다는 말과 상통한다. 즉 무슨 일이 있을 때 그 본질을 통찰하고 이해하라는 말이다.

본질을 이해하고 통찰한다고 함은 상대방의 말과 행동 뒤에 그가 그러한 말과 행동을 하게 된 그의 느낌과 바람을 이해해야 한다는 말이다. 만일 누군가가 자신에게 "나 당신에게 실망했어!"라고 말하면, 이 말에 대한 반응으로 첫째, 내가 무엇을 잘못했기에 그런 말을 하는지 자신에게 초점을 맞추고 자신의 말과 행동을 살피는 경우이다. 두 번째는 자신을 방어하려고 노력하는 것이다. 내가 무엇을 잘못했냐고 따지거나 변명을 한다. 하지만 이것은 상당히 피상적인 대처법이다. 중요한 것은 그 사람이 왜 그런 말을 하고 있는지 그 사람이 그런 말을 하게 된 배경에 흐르는 느낌과 그 바람을 살펴야 한다. 다시 말해 그 사람이 한 말보다 중요한 그 원인을 이해하려는 노력이 바로 이해와 통찰이다. 따라서 "나 당신에게 실망했어!"라는 말에 대해 내가 던져야 할 질문은 "내가 무엇을 잘못했기에 그러한 말을 하느냐?"라는 질문보다는 "제가 더 깊은 관심을 가졌어야 했는데 그 기대에 미치지 못한 모양이지요?"라는 질문을 통해 그 말을 하게 된 그의 진정한 바람과 느낌을 이해하고 살피는 것이 중요하다.

상대방이 자신의 진심을 헤아린다는 것을 아는 순간 그의 분노는 사그라진다. 우리는 그 마음을 헤아리려는 노력보다 그의 말과 행동에 무엇이 문제인지 그리고 어떻게 하는 것이 옳은지 그 답과 문제해결을 해주려는 데 중독되어 있다. 그를 기쁘게 해주고 그를 무조건 도와주어야 한다는 데 중독되어 있다. 그에게 무엇을 어떻게 하고, 무엇이 정답이라는 것을 말해주는 것보다 그의 마음을 헤아리고 이해하려는 노력이 더 중요하다. 이것이 상대방에게 더욱 가까이 다가가는 방법이다.

내 딸이 처음 직장에 취직을 해서 출근할 때 매일 버스 정류장까지 차로 데려다준 적이 있다. 당시 우리 딸은 처음 사회에 발을 내디디면서 무척 힘들어했다. 때로는 불만스러운 직장의 분위기와 같이 일하는 동료에 대한 불만을 내게 토로하기도 했다. 나는 우리 딸의 힘들어하는 마음을 이해하고 헤아리려는 노력보다는 어떻게 직장생활을 하는 것이 좋은지 정답만을 말해주려 노력했다. 내가 한 이야기는 '조언하기' '가르치려 들기' '위로하기' '설명하기' '바로잡기'가 전부였다. 문제에 대한 답을 말해주고 기분 좋게 해주려 노력하는 것이 전부였다. 끝내 딸은 아빠와 대화하기를 거절했다.

당시 나는 딸에게 서운했다. 하지만 지금 돌이켜 보면 처음 직장이라는 세계에 발을 내딛고 힘들어하는 딸에게 문제해결을 해주고 무엇이 정답인지를 알려주려는 것보다 더 중요한 것은 세파에 부딪히며 힘들어하는 딸이 겪는 고통에 온전히 함께하는 것이었다. 딸에게 말을 하면 "아빠는 현장에서 실질적으로 어떤 일이 벌어지는지 잘 몰라!"가 전부였다. 머리로 이해하고 머리로서 답을 찾으려 했지 딸의 어려움을 함께 느끼려 하지 않았다. 그때 우리 딸의 마음 깊은 곳에 자리하는 두려움과 실망감 혹은 어려움에 대해 진정한 관심을 주지 못했다. 지금 생각하면 내가 딸에게 한 충고는 '너는 이것이 부족해. 그러니 이렇게 해야 해!' 하는 것이 전부였다. 즉 딸의 부족한 점, 잘못된 점에만 반응하고 있었다. 당시 딸은 마음의 안식처가 필요하고 직장에서 상처받은 마음의 피난처가 필요했는지 모른다. 자신의 아픔을 함께하는 든든한 버팀목으로서 아빠가 더 필요했을 것이다. 하지만 딸이 원하는 것과 느낌에 충실하기보다 나의 입장에서 무엇이 옳은 방법이니 이렇게 하라고 하는 지시와 가르치려는 자세가 전부였다. 관계에 대한 자각력은 곧 상대의 느낌과 바람을 가슴으로 이해하고 통감하는 데서부터 출발한다는 것을 새삼 다시 생각하게 한다.

6

관점을
바꿔보자

보는 관점에 따라 관계가 다르게 형성된다. 관점은 대상에 대한 생각과 해석을 하는 단초를 제공한다. 이를 카카오톡 박용후 사장은 "시작생각"이라고 표현한다. 관점을 변화시키면 생각의 방향이 달라지고 질문을 하는 방향이 달라지며 이에 따라 행동이 달라진다.

대학에서 학생들을 가르치면서 수업을 운영할 때 서로 토론을 해서 가장 잘하는 팀에게 좋은 점수를 주겠다고 약속했다. 그리고 각 팀과 리그전을 통해 팀 순위를 결정하기로 했다. 서로 토론을 할 때 어느 팀이 잘했는지 학생들이 스스로 평가하도록 했다. 학생들은 팀 과제 수행에 대한 평가를 하는 과정에 잘하는 팀이 어느 팀일까를 보려 하기보다는 자기 팀이 어떻게 하면 1위 팀이 되어 좋은 점수를 받을까에 대한 관점에서 보기 시작했다. 그래서 열심히 하고 잘하는 팀을 자기의 경쟁 대상으로 보고 좋은 점수를 주기보다 나쁜 점수를 주었다. 왜냐하면 그렇게 해야 그들을 자신들의 경쟁 대상에서 제외시킬 수 있다고 생각했기 때문이다. 이로 인해 수업 운영이 엉망이 된 적이 있다. 이겨야 좋은 점수를 받을 수 있다는 관점에서 상대팀을 평가하기 시작하니까 학생들은 어느 팀이 잘하는가를 보려 하지 않았다. 어떻게 하면 자기 팀이 일등을 하여 좋은 점수를 받을 수 있을지에 대한 관점에서 다른 팀들의 활동을 바라보았다.

무슨 일을 하든 된다는 관점에서 보면 할 수 있는 일들이 보이고 안 된다는 관점에서 보면 하면 안 되는 핑계거리가 보인다. 관점의 변화는 관계를 변화시키는 핵심적인 요인 중의 하나이다. 관계의 숨을 틔우기 위해 관점을 바꾼다는 것은 크게 두 가지 점에서 매우 중요하다. 하나는 우리가 스스로 묶인 관점에서 자유로워진다는 것이다. 즉 스스로 만들어 갇힌 고정관념에서 벗어나야 객관적으로 상대를 바라볼 수 있다. 관점 바꾸기는 이를 가능하게 한다. 다른 하나는 관점 바꾸기를 통해 자신의 과거 경험 중심의 시각에서 벗어나 좀 더 다른 관점으로 상대를 바라보면서 더 의미 있는 관계로 변화 발전시킬 방안을 모색할 수 있다는 것이다. 주변에 일어나는 모든 일에 대한 반응과 해석은 자신의 과거 경험과 지식에 의거한다. 그렇기 때문에 새로운 것이 없다. 고정관념은 우리에게 새로운 경험을 허락하지 않는다. 매일매일 변화 없는 지루한 패턴의 삶만을 고집한다. 관점 바꾸기를 통해 우리는 세상의 새로운 면을 접할 수 있게 된다.

매 순간 새로운 세상이 펼쳐지고 새로운 사건들이 일어나고 있다. 그리고 우리는 지속적으로 변화하는 과정 속에 살아가고 있다. 우리가 해탈을 한다느니 혹은 모든 속박에서 벗어남이라고 하는 것은 자신의 고정관념에서 해방된다는 것이다. 내가 어느 생각에도 묶이지 않을 때 우리는 창조적 삶이 가능하고 상대를 새롭게 대할 수 있다. 나를 비우고 버리라고 하는 것도 과거의 관점에 묶여 꼼짝 못 하도록 하는 고정관념을 비우고 버려 매일 매일을 새롭게 새로운 관계의 창조자가 되어보라는 의미이다. 관점을 바꾸면 과거 경험중심 그리고 자기중심적 삶의 족쇄에서 벗어나 매일 새날을 살아갈 수 있는 주인으로 거듭날 수 있다.

　　관점은 여러 가지가 있다. 첫째는 자기중심적 관점이다. 우리 학생들이 상대팀을 평가할 때 이 관점을 토대로 접근한 것이다. 우리 대부분은 이러한 관점에서 평생 살아가는지 모른다. 둘째는 역지사지, 즉 상대방의 입장에서 바라보는 것이다. 이는 상대방과 눈높이를 같이하면서 문제를 바라보고 이해하는 것이다. 이때 상대방이 진정 무엇을 원하는지에 대한 통찰력이 작동하여 상호에게 이익이 되는 해결점을 찾을 수 있다. 세 번째는 우리 혹은 소속 집단의 관점으로 바라보는 것이다. 자기가 속한 공동체 혹은 사회에 무엇이 도움이 되고 어떻게 하면 함께 잘사는 세상을 만들 수 있을까에 집중함으로써 더 큰 생각과 뜻으로 문제를 바라보고 좀 더 지혜로운 해결책을 모색할 수 있다.

넷째는 모든 것은 공(空)하다는 관점에서 바라보는 것이다. 우리가 만든 모든 판단과 해석으로부터 벗어나 보면 사실 모든 일들은 하나의 에너지의 연기 작용에 불과하다. 그리고 세상의 모든 것은 일시적으로 나타난 중립적 사태일 뿐이다. 이러한 관점에서 보면 무엇에 집착하고 '내 것이다, 네 것이다' 혹은 무엇이 옳고 그르다고 싸울 필요가 없다. 즉 자기 탐욕이나 욕심에서 벗어나 온전히 객관적인 입장에서 최선의 선택과 결정이 가능하다. 우리의 마음은 이리저리 헤매고 과거 혹은 미래에 집착하고 한시도 쉬지 않고 종잡을 수 없이 요동친다. 스스로 소중히 여겨 잡고 있던 모든 것이 허망하다는 것을 알면, 가장 현명한 해결책을 찾아갈 수 있을 것이다.

다섯 번째는 임종하는 자의 관점에서 세상을 바라보는 것이다. 임종을 앞두고 대개 사람들은 세 가지 후회를 한다고 한다. 첫째, 왜 다른 사람들에게 좀 더 잘해주지 못했을까? 둘째, 왜 그리도 바쁘게만 살았을까? 셋째, 왜 내가 진정 하고픈 일을 하면서 살지 못했을까? 호주에서 수년간 임종 직전 환자를 보살폈던 간호사 브로니 웨어(Ware)는 자신이 돌봤던 환자들의 임종 직전 '깨달음'을 블로그에 기록해 ≪죽을 때 가장 후회하는 다섯 가지 (The Top Five Regrets of Dying)≫란 책을 펴냈다. 첫째는 남들의 시선이나 기대에 맞추는 가짜 인생이 아닌 내 뜻대로 내가 하고 싶은 것 하면서 살아봤었다면 하는 면이었다. 둘째는 일을 좀 적당히 하고 자식들과 그리고 배우자와 따뜻한 가정생활에 더 중점을 두지 못한 것을 후회했다. 셋째는 자신의 기분에 좀 솔직하게 살지 못한 것을 후회했다. 화내고 싶을 땐 화도 내고 싫으면 싫다고도 하면서 살지 못했다는 것이다. 착한 사람 코스프레이 하느라 솔직한 자신의 감정을 감추면서 좋아도 싫은 척, 없어도 있는 척하면서 살아왔다는 것이다. 넷째는 오래된 친구들과 좀 더 가깝게 지내지 못한 것을 후회했다. 친구들이 보고 싶어 수소문해보기도 하지만, 정작 그때쯤엔 수중에 친구들의 연락처조차 없다는 점을 깨닫고는 좌절했다. 마지막으로 자신의 진정한 행복을 위해 도전해보지 못한 것을 후회했다. 현실에 안주하느라 좀 더 모험적이고 변화 있는 삶을 살지 못한 점을 아쉬워했다.

마지막 관점은 온전한 사랑과 지혜의 눈으로 세상을 바라보는 것이다. 이는 인류의 스승인 예수나 석가 등의 관점에서 세상을 바라보는 것이다. 그러면 모든 생명체를 구하겠다는 대비심과 모든 이를 사랑하고 용서하는 큰마음으로 세상의 모든 일들을 접하면서 갈 수 있을 것이다. 혹자는 내가 예수, 석가도 아닌데 어떻게 그렇게 하겠느냐고 반문하는 경우도 많다. 이는 자기의 관점에 스스로 자신을 묶고 그 이상 더 큰 상위 자아를 자신에게 허락하지 않는 것이다.

관점의 변화는 자신의 경험과 지식 그리고 자기중심적인 작은 객체마음에서 자유로워지게 하고, 보지 못한 더 넓은 세계를 보게 하며, 마음을 성장시키고 확장시켜서 새로운 창조적 삶을 가능하게 한다. 따라서 관계의 변화는 관점을 바꾸는 것에서부터 출발한다는 것을 기억할 필요가 있다.

7

선수로
살아가자

우리가 살아가는 삶 현장을 운동경기장과 비유한다고 하면 크게 3가지 종류의 사람으로 분류할 수 있다. 하나는 선수들이고 다른 하나는 관객들이고 마지막 하나는 심판이다. 관객들은 대게 잘하는 선수들을 응원하고 못하는 선수들에게는 야유를 퍼붓는다. 그들의 행복감은 자기들이 응원하는 팀이 승리하느냐 못하느냐에 달려 있다. 즉 구경꾼들은 스스로의 행복을 만들고 가꾸어 가기보다 선수들의 움직임에 의존하여 결정된다. 심판들은 늘 선수들의 잘잘못에만 관심이 있다. 누가 혹시 반칙을 하는지 어느 팀에서 규칙을 위반하는지에 대해서만 관심이 있다. 그러니 늘 옳고 그름에 얽매여 살지만 어느 누구도 만족시키지 못한다. 한편 선수들은 자기 팀의 승리를 위해 혼신을 다해 뛴다. 설사 자기 팀이 지고 있다고 하더라도 어떻게든 게임을 반전시켜 승리로 이끌려고 최선을 다한다.

인생이라는 삶의 현장도 운동경기장과 같다. 어떤 사람은 구경꾼으로 어떤 사람은 심판으로 그리고 어떤 사람은 선수로 살아간다. 내가 관계 맺으며 살아가는 삶의 현장에서 누구로 살아가느냐 하는 것은 자기 결정에 달려 있다. 구경꾼으로 살아가는 사람들의 눈은 늘 제3자에게 가 있다. 그들은 주로 자기 불행을 제3자의 탓으로 돌린다. 선수들이 경기를 잘해주기만을 바란다. 그러니 늘 피동적이며 불평불만이 많다. 자기의 삶이 어쩌다 제3자 덕분으로 좋아지면 잠시 기쁨을 맛보지만 이는 순간이다. 그러다가 인생게임이 잘 풀리지 않으면 다른 사람들의 잘못을 들추면서 비방하고 비판하기에 급급하다. 자기 삶조차도 구경꾼처럼 바라보고 남의 일처럼 생각하니 한 번도 주인 행세 못 해보고 죽어가는 신세가 된다.

심판으로 살아가는 사람들 역시 관심이 제3자의 행동에 가 있다. 그들이 무엇을 잘하고 무엇을 잘못하는지 평가하고 해석하기에 바쁘다. 잘못하는 사람들이 있으면 가서 간섭하고 질책을 한다. 그들의 삶에는 규칙이 사람 위에 존재한다. 무엇을 어떻게 해야만 한다는 옳고 그름을 가늠하는 규칙과 기준에 늘 연연한다. 규칙을 강조하나 상대방의 아픔과 괴로움에는 아무런 관심이 없다. 그들은 좀 더 나은 공동체를 위해 무엇을 어떻게 해야 할 것인가에 또한 큰 관심이 없다. 누가 잘했나 누가 못했나를 따지느라 모든 시간을 소비한다. 그들은 심판자로서의 우월감에 취해 살아가지만 자신의 희생을 통해 더 행복한 사회를 만들어 구성

원들과 함께 기쁨을 공유하는 진정한 행복감은 맛보지 못한다.

하지만 선수로 살아가는 사람들은 자기 팀의 승리를 위해 최선을 다한다. 누가 잘했는지 못했는지 평가하고 심판할 시간이 없다. 어떻게 하면 자기 팀을 승리로 이끄느냐에만 관심이 집중되어 있다. 같은 팀의 선수가 실수를 하더라도 그를 질책하기보다는 가서 용기를 준다. 그를 격려하고 다시 함께 뛸 수 있도록 도움을 준다. 큰 선수일수록 어려운 상황을 반전시키기 위해 최선을 다한다. 주어진 상황을 있는 그대로 받아들이고 자기가 속한 공동체를 위해 순간순간 최선을 다한다.

위대한 삶을 살았던 위인들의 삶의 발자취를 보면 모두가 선수로 살았던 사람들이다. 넬슨 만델라 같은 사람이 바로 선수로 살아간 대표적인 인물 가운데 하나다. 그는 27년 6개월 동안 옥살이를 했다. 그는 옥살이를 하는 동안 자신을 가둔 자들을 원망하고 비난하기보다 같이 있는 죄수들의 삶의 변화를 위해 채소밭을 가꾸고 함께 교도소 뜰에 나무을 심었다. 자기가 있는 자리에서 그 자리의 변화를 위해 스스로 모범을 보이고 솔선수범하면서 주변사람들의 변화와 성장을 위해 노력했다. 노쇠한 몸으로 출감해서 남아공의 대통령이 되었을 때도 그를 적대시하고 평생 옥살이를 하도록 했던 그의 반대자들에게 보복하고 그들을 심판하기보다도 인종차별이 없고 인권이 살아 있는 나라를 만들기 위해 혼신을 다했다. 수많은 시련이 있었어도 그에 굴하지 않고 자신의 삶의 현장을 좀 더 나은 곳으로 변화시키기 위해 혼신을 다하는 진정한 선수로 살아간 사람이다. "인생에서 중요한 것은 삶을 살았다는 것 자체가 아닙니다. 우리의 삶이 다른 이들의 삶에 얼마나 긍정적인 변화를 일으켰느냐가 중요한 것입니다." 넬슨 만델라가 남긴 말이다.

8

진정성을
가지고 대하자

진정성은 참되고 애틋한 마음이다. 진심(眞心)에서 우러나 말
하고 행동하는 것이다. 사람들은 진정성에 반응을 보인다. 아는
척, 좋아하는 척, 있는 척하는 것은 겉과 속이 다른 것이다. 이것
은 일시적으로 통할지 모르지만 지속성이 없다. 진정성은 변함이
없는 것이다. 왜냐하면 자기의 내적 가슴의 울림에서 발현된 것
이기 때문이다. 그래서 불가에서는 '바라밀'이라는 말을 즐겨 쓴
다. 즉 맑고 순수한 마음에서 우러나는 내면의 소리가 바라밀이
기 때문이다.

사람들은 살다 보면 자기의 내적인 바람과 뜻을 꺾고 주변
사람들의 주장이나 삶의 방식을 맹목적으로 좇아가는 경우가 많
다. 주변 사람들이 바라는 것이 무엇인지 내 행동이나 말에 대해
그들은 어떻게 느끼고 생각하는지 안테나를 세우고 그것에 맞추
어 말하고 행동하려 한다. 이는 삶의 중심이 주변 사람들과 세상

에 가 있다. 이런 경우를 자기 삶을 살지 못하는 피동적 삶이라고 한다. 또한 보이고 싶은 '나', 남들에게 인정받는 '나'에 집착한다. 겉으로는 사회정의를 부르짖지만 내면에는 자신의 이익이 도사려 있다. 이러한 이중적 몰입에서는 진정성을 발견할 수 없다.

진정성에서 인내력이 나오고 성실함이 나온다. 진정성은 머리로 사는 것이 아니라 가슴으로 사는 것이다. 머리로 산다는 말은 따지고 계산하고 그리고 옳고 그름, 많고 적음, 높고 낮음을 가려서 자신에게 이익 되는 것을 취한다는 말이다. 하지만 가슴으로 산다고 하는 것은 기꺼이 희생하고, 수용하고, 인정하고, 용서하고, 사랑하며 어떠한 어려움을 감내하면서도 자신의 사명을 다하기 위해 최선을 다함을 말한다. 이나모리 가즈오는 무엇을 할 때 그것을 진심으로 이루어내기 위해서는 "몸에 그것에 대한 생각이 피처럼 흘러야 한다."고 했다. 혼신을 다해 할 뿐이다. 진정으로 무엇을 할 때는 그 일에 마음이 담기고 정성이 담기고 뜻이 담긴다. 이것이 다른 사람들의 마음을 움직인다. 그리고 그것에 함께 공감하고 공명하게 된다.

미국 아메리칸 뮤직 어워드(AMA)에 초대를 받고 빌보드 HOT 100 차트의 상위권에 진입한 방탄소년단은 대형 기획사 출신이 아니다. 하지만 그들은 기록적인 숫자의 트위터 팔로워를 가지고 있어 기네스북에 등재될 정도이었다. 미국의 CNBC는 방탄소년단이 수많은 K팝 스타 그룹들과 다른 점은 '진정성'이라고 했다. 이들은 중소 기획사 출신으로서 대형 기획사의 특별한 지원과 훈련을 통해 만들어진 아이돌이 아니다. 그들은 진정한 그들의 이야기를 음악으로 승화시켰다. 이러한 진정성을 통해 팬들에게 자신들은 자신의 고유성을 발하는 '아티스트'라는 것을 각인시켰다. 이러한 진정성을 무대에서 전하는 능력으로 많은 팬들의 가슴을 울린 것이다.

을사조약으로 나라를 빼앗기자 19세에 나라를 구하겠다고 상해로 건너간 안중근 의사 또한 진정성으로 인생을 살아간 대표적인 사람이다. 19세 어린 나이에 나라를 구하겠다고 자신의 손가락을 자르면서 11명이 단지동지회를 조성하였다. "장부는 죽어도 그 마음은 쇠와 같고 의사는 위태로울지라도 그 기운은 하늘과 같다."는 말로 자신의 가슴에서 우러나는 높은 뜻을 표현하였다. "사람이 먼 곳을 향하는 생각이 없으면 그 뜻을 이루기 어렵다."고 하며 일본 제국주의의 종식을 넘어 동양의 평화를 염원하였다. 그는 이토 히로부미를 저격하고 옥살이를 하는 동안에도 조금도 흔들림이 없이 조국의 독립을 염원하면서 생을 마쳤다. 감옥에서 그를 지키던 일본 간수는 "그의 붓글씨를 쓰는 모습이 마치 하늘에서 천신이 내려와 글을 쓰는 것 같았다."고 회고하였다. 그는 가톨릭 신자로서 사형 집행일이 다가올수록 더욱 담담하게 죽음을 맞이했다고 한다. 그가 사형장의 이슬로 사라지는 날까지 그를 감시하던 지바 도시치라는 일본 군인은 안 의사의 옥중 생활을 관찰하면서 깊은 감동을 받고 일본인을 대신해서 안중근 의사에게 사과를 했다고 한다. 그는 그 후 일본으로 돌아가서 시골에 정착해서 살면서 안 의사를 집안의 가신으로 모시고 살았다고 한다.

안중근 의사의 조국의 독립을 위한 간절하면서도 애틋한 마음이 지금껏 많은 사람들의 가슴을 울린다. 이와 같이 진정성으로 다가가면 궁극적으로 다른 사람들의 마음을 얻고 깊은 감동으로 영향을 미친다. "세상이 어떻게 돌아가든 사람들이 무엇에 환호하고 좇아가든 간에 우리는 스스로 자기다움을 찾고 자기답게 존재해야 한다."는 김연수 선생님의 말처럼 마음을 담은 자기다움 그 자체가 곧 진정성의 핵심일 것이다.

9

태양 같은
존재가 되자

태양은 항상 자신의 빛을 발한다. 비가 오든 눈이 오든 바람이 불든 태양은 변함이 없다. 모든 생명체를 살리는 빛을 발할 뿐이다. 별에는 두 가지가 있다. 하나는 항성(star)이고 다른 하나는 행성(planet)이다. 스타는 북극성처럼 항상 자기의 빛을 발하지만, 지구나 달 같은 행성은 태양의 주위를 돌면서 거기에 반응한다. 사람도 마찬가지다. 스타처럼 자신의 빛을 발하며 주변에 빛이 되고 희망이 되는 사람이 있는가 하면 행성처럼 권력이나 돈 있는 자들의 주변에서 그들의 생각이나 행동에 반응하며 자신의 삶이 아니라 그들이 요구하는 삶을 살아가는 사람들도 있다.

태양 같은 존재가 되라는 말은 곧 유교 경전 중의 하나인 대학의 3강령, 즉 명명덕(明明德), 재신민(在新民), 지어지선(至於止善)이 지향하는 바와 일맥상통한다. 명명덕은 곧 자신에게 내재되어 있는 밝은 덕성을 지속적으로 발함을 의미한다. 자신을 새롭게 하고 또 새롭게 하면서 자신에게 내재되어 있는 하늘의 품성을 자꾸 발현하는 것이다. 이것이 삶의 근본이며 이를 통해 재신민(在新民), 즉 주변 사람들을 새롭게(新) 하는 데 헌신한다. 여기서 신(新) 자는 나무에서 새로운 순이 나오는 것을 의미하는 설 입(立)와 나무 목(木) 그리고 도끼 근(斤)의 합성어이다. 즉 나무(木)에서 새로운 순(立)이 지속적으로 나와서 자라는 것을 표현한 立 + 木에 도끼로 이 나무가 잘 자라도록 가지치기를 해주면서 돌보는 것을 의미하는 근(斤)의 합성어가 新 자이다. 그러니 재신민은 곧 자기의 밝은 덕성을 밝혀 주변의 모든 사람들이 새롭고 또 새롭게 성장해 나아갈 수 있도록 돕는 것을 의미한다. 그리하여 지어지선(至於止善), 즉 끊임없이 지속적으로 지극한 선에 이르도록 노력하는 것이다.

우리의 마음에는 너무 많은 생각들이 오간다. 하지만 자신이 관심이 가고 선택하고 원하는 것에 힘이 실리고 그것이 말과 행동으로 나타난다. 우리가 살아가는 것은 우리 안에 있는 수많은 생각들의 일부를 말과 행동으로 표현하는 과정이다. 문제는 자신의 밝은 덕성을 피워 내려고 노력하지 않는 한 쇼펜하우어가 말한 "맹목적인 삶의 의지", 즉 습관과 사회에서 습득한 지식 그리고 타인이 무엇을 원하는지에 반응하고 살아가게 된다.

알프레트 아들러가 지적했듯이 인간은 목적론적 존재이다. 현재 자신이 어떻게 살 것인가를 결정하면 그러한 일이 일어난다는 의미다. 태양과 같은 존재방식으로 내 삶을 엮어가려면 스스로의 결단이 필요하다. 자신에게 내재된 신성을 인정하고 그것을 자꾸 행동화하면서 살아가겠다는 결심을 해야 한다. 나에게 내재된 신성이라고 함은 곧 사랑하는 마음이고 용서하는 마음이며 기뻐하는 마음이고 지혜로운 마음이다. 시시포스 신화에서 바위를 산의 정상에 굴려 올리고 나면 다시 굴러떨어지고 다시 밀어 올리면 다시 굴러떨어져 원점에 돌아오는 이야기가 나온다. 이는 무엇인가 열심히 그리고 성실하게 살아보겠다는 각오로 시작했다가 다시 원점으로 돌아와서 과거와 똑같이 살아가게 되는 우리들의 삶의 일면을 말해주는 이야기다. 하지만 태양 같은 존재 방식으로 자신의 삶을 재구성하기 위해서는 조금씩이라도 자꾸 내면의 위대한 신성을 끊임없이 발현하려고 노력하고 또 노력해야 한다. 그러면서 내면의 덕성의 꽃을 피워 내는 것이다.

인류에게 큰 족적을 남김 많은 현인과 성인들은 바로 자신의 뜻을 구현하기 위해 죽을 때까지 사명을 다하며 살아간 사람들이다. 내가 존경하는 프로이트라는 학자가 바로 태양 같은 존재 방식으로 삶을 살아간 사람 중의 하나라고 생각한다. 그가 생존할 당시는 제1, 2차 세계대전으로 많은 사람들이 정신적 고통으로 신음할 때였다. 그는 그들이 겪는 정신적 고통으로부터 조금이라도 해방시켜 보겠다는 신념으로 정신분석 이론을 제창하고 연구와 치료를 지속했다. 프로이트가 제시하는 "쾌락적 욕망을 추구함이 인간 삶의 본질"이라는 주장과 이론에 많은 사람들은 비난과 질타를 퍼부었다. 하지만 그는 이에 굴하지 않고 죽는 날까지 이 이론을 발전시켜 정신분석을 통한 정신 치유의 길을 열었다. 유태인이라는 질시와 가난 그리고 구강암으로 30회 이상의 수술을 겪는 고통에도 굴하지 않고 83세로 생을 마감할 때까지 정신분석학의 이론 정립에 온 생을 바쳤다. 그는 죽는 날까지 정신분석학 책을 저술하다가 죽어간 학자이다. 그의 삶이 바로 태양 같은 존재 방식이다.

태양같이 존재하기 위해서는 자신이 실현하고자 하는 확고한 가치와 신념이 있어야 한다. 그 가치의 실현이 자신의 생존이나 안전에 우선해야 한다. 자기가 소중하게 여기는 가치를 실현하기 위해 기꺼이 자기 목숨조차도 포기할 준비가 되어 있어야 한다. 마하트마 간디가 그랬고, 안중근 의사가 그랬으며, 이순신 장군이 그랬다.

> "나는 삶에서 과연 진정한 성공이란 무엇이냐고 자주 물음을 듣는다. 그럴 때마다 나는 한결같이 그대란 존재가 스스로 행복과 평화를 창조하고 주변에 빛과 에너지를 주는 근원이 될 때 세상적인 기준과 상관없이 가장 참다운 성공을 거둔 것이라 답변한다."
>
> - 김연수

Part 4...

4
...

관계 문제

해결하기

유수무심 (김대열)

1
문제를
떠안아 보자

부모들은 자식의 잘못을 자기가 떠안는 경우가 많다. 다 자기의 잘못이라고 사과한다. 직장에서 존경받는 상사는 부하가 잘못한 것을 자신의 잘못으로 떠안는다. 자기 잘못이라고 생각한다. 모든 문제를 떠안는 자세로 다가감은 작은 마음이 아닌 큰마음의 작동의 결과이다. 문제를 발생시킨 사람에 대한 비판과 비난보다 그와 자신을 동일시하면서 답을 찾는 데 주력한다. 그런 사람들에게 우리는 감사하고 고마워한다.

일반적으로 부하가 실수를 해서 문제가 일어났으면 그 부하를 질책한다. 그리고 다시는 그러한 잘못을 저지르지 않도록 책임을 묻는다. 문제가 일어나면 누가 무엇을 어떻게 해서 그러한 일이 일어났는지 확인한다. 그리고 책임이 있는 사람을 원망하든지 아니면 상황 탓으로 돌린다.

하지만 문제를 떠안는 사람은 먼저 자신을 돌아본다. 혹시 자신이 실수한 것은 없는지 살핀다. 그리고 자신이 그 문제를 해결하기 위해서는 무엇을 어떻게 해야 하는지 생각한다. 일반적으로 문제가 발생하면 어떤 사람은 창밖을 보고, 어떤 사람은 먼저 거울을 본다고 한다. 거울을 보는 사람은 그 문제를 통해 자신을 비추어 보는 경우이다. 어떤 연유로 이러한 문제가 일어났는지 이해한다. 자신을 돌아보고 이러한 일이 더 일어나지 않도록 하기 위해 앞으로는 어떻게 해야 하는지 살핀다. 이것이 문제를 떠안는 삶이다.

하지만 창밖을 보는 사람은 누가 무엇을 왜 잘못했는지 상대와 상황을 봄을 의미한다. 상대방이 무엇을 잘못했는지 그것에 대해 시시비비를 가리는 데 집중한다. 그리고 자기 식대로 해석해서 스토리로 만들어 마음에 담아둔다. 자신은 심판자가 된다. 그리고 잘못을 저지른 사람에 대한 부정적 감정을 갖는다. 이런 사람들에게는 늘 주변에는 가해자만 가득하고 실망하는 감정, 원망하는 감정이 마음에 자리한다.

잘못을 떠안는 삶의 자세는 어떤 상황에서든 주인의 자세로 그것을 통해 스스로 반성하며 그러한 일이 일어나지 않도록 하기 위한 방안을 생각한다. 그러므로 자기 성장의 기회가 된다. 운동 경기에서 어떤 선수가 실수를 해도 그 선수의 탓을 하지 않고 자신이 속한 팀이 승리할 수 있도록 최선을 다하는 선수와 같은 삶이다.

문제를 회피하거나 책임을 상대에게 전가하지 않고 문제를 떠안는 자세로 살아갈 때 성장은 물론 주변 사람들은 그의 노력에 점차 감동하면서 그를 존경하게 될 것이다. 그러니 순간적으로 잠시는 힘들지 몰라도 문제를 떠안는 삶이 장기적 시각에서는 최고의 관계를 만들어가는 방법이다. 남들이 부러워하는 삶보다 더 중요한 것은 존경받는 삶이다. 문제를 회피하고 다른 사람에게 떠넘기기보다 자신의 문제로 다가가는 자세는 더 크고 위대한 삶의 주인으로 자신을 성장시키는 방법이다.

2

나를 비난하고
험담하는 소리를
들었다면…

누군가 자신을 비난하고 뒤에서 험담을 했다는 것을 알면 당연히 기분이 나쁘고 상대방에 대한 실망 혹은 분노 또는 원망하는 생각이 앞서기 마련이다. 이때 자신을 보호하는 방어본능이 작동하고 왜 그 사람이 날 그렇게 비난했을까 되씹게 된다. 내 마음에 부정적 에너지가 자꾸 생성되고 마음의 상처를 받게 된다. 그리고 어떻게 대처할까 고민한다. 상대에게 이를 따져 사과하는 말을 들었다고 해도 상대와의 관계는 소원해질 가능성이 높다.

하지만 이를 가만히 생각해보면, 상대방이 한 나에 대한 비난과 험담은 그의 관점에서 나의 행동이나 말 혹은 어떤 특성에 관심을 가지고 자신의 경험이나 지식 혹은 가치관을 토대로 스스로 분별하고 해석하여 만든 스토리에 불과하다. 이는 그가 보고 싶은 대로 보고 만든 하나의 허상이다. 이에 내가 반응을 보이고 그것 때문에 기분이 좌지우지되는 것은 상대가 만든 허상에 스스로 얽매이는 것이다. 자신이 상대가 만든 허상에 끌려다니는 수동적 존재로 전락한 것이다.

이럴 때 중요한 것은 마음에 상처를 받지 않는 것이다. '아, 그 사람은 그런 관점을 가졌을 뿐이구나' 하고 내가 그의 말로부터 자유로워져야 한다. 물론 그런 상황에서 기분 좋을 리 없다. 그래서 내가 기분이 좋지 않게 느끼는구나 하고 자신의 기분을 인정해주고서 나에게 도움이 되지 않는 기분이니 그냥 흘려보내면 된다.

상대가 하는 비난이 의미가 있다고 하면, 비난한 사람에게 눈을 돌리는 대신 비난받는 나에게 눈을 돌려야 한다. 왜 그런 비난과 험담을 듣게 되었는지 잘 돌이켜 보면 이를 통해서 자신의 문제점을 발견하고 고칠 수 있는 기회가 될 수 있다. 자신을 객관화하고 비난과 험담에 대응하는 나를 바라보면 그 기회를 자기 성장의 기회로 삼을 수 있다. 옳고 그름을 따지고 상대를 비난하는 자기 오만에 빠지지 않고 어떠한 비난도 수용하고 그것을 자신의 성장의 기회로 삼는 지혜롭고 겸허한 자신을 만들어 갈 수 있다. 상대방에 휘둘리는 것보다 더 위험한 것은 그것에 분노하고 미워하는 자기의 작은 마음에 휘둘리는 것이다. 이를 수용하고 자신의 변화의 기회로 만들면서 자기를 성장시킬 수

있어야 한다. 그리고 좋은 기회를 만들어준 상대를 원망의 화살
을 보내기보다는 따뜻한 가슴으로 용서할 수 있어야 한다. 그때
그가 보낸 비난과 험담은 나에게 보약이 된다.

무엇을 웃고 무엇을 기뻐하랴
세상은 끊임없이 불타고 있는데
그대는 암흑에 둘러싸인 채
왜 등불을 찾지 않는가?
남이 그대를 흉보는 것을 두려워하는 것은 허영이다.

- 류씨 마로리아

3

불편한
관계에 대해서

내 삶을 돌아보건대, 나는 무수히 많은 관계를 맺으면서 살아왔다. 불편한 관계, 즉 보기만 해도 싫은 사람, 전략적 측면에서 긍정관계를 유지한 사람 그리고 서로 마음을 주고받으며 친밀하게 살아온 사람 등 다양한 관계 속에서 삶이 엮어져 왔다. 나를 이용하려 접근한 사람, 자신에게 도움이 되면 갑자기 모든 것을 다 줄 듯이 잘하다가 도움이 안 된다고 판단되면 그냥 떠나간 사람 등 관계의 파노라마는 끊임없이 펼쳐져 왔다. 상대의 과잉 친절에 놀아난 적도 많고, 배신으로 상처받은 적도 많다. 그리고 나 또한 많은 사람들에게 알게 모르게 마음의 상처를 주고 살아온 것 같다. 상대방을 나의 이익이라는 관점에서 저울질하고 미워하고 원망하며 그 속에서 울고 웃으면서 살아온 인생이다.

그러면 관계를 통한 성장이라는 관점에서 내가 싫은 사람, 이기적인 마인드로 접근하는 사람들을 어떻게 해야 하나. 주변 사람들과의 관계를 긍정적으로 변화시키려는 노력을 통해 인격적 성장을 추구하는 것이 인간관계의 목적이라고 하면, 자신에게 불편한 감정을 주는 사람들도 무조건 수용하고 그들과 관계개선을 위해 노력해야 한단 말인가? 우리는 지속적으로 안티들, 혹은 대하기 싫은 사람들과 대면하면서 살아가야 하는데 어떻게 이들을 대해야 한단 말인가?

불편한 관계에 대처하는 여러 가지 방법이 있을 수 있다. 첫째, 불편한 관계가 지속되는 경우 현상유지를 택하는 것이다. 불편한 대로 살아간다. 부부 갈등이 심해도 자식 때문에 그대로 사는 경우가 이에 해당한다. 직장에서 불편한 동료나 상관이 있어도 어쩔 수 없으니 그냥 속을 끓이며 살아가는 것이다. 다음으로, 관계를 단절하는 것이다. 할 수 있다고 하면 폭력을 휘두르는 남편, 지독한 이기주의자, 견딜 수 없는 동료나 상관들과 관계를 끊고 떠나는 것이다. 이러한 사람들과 계속적으로 섞이면서 마음의 상처를 받는 것보다 할 수만 있다면 관계를 포기하는 것이다. 셋째는 관계개선을 위해서 상대가 변화하기를 기다리든지 혹은 상대를 변화시키려고 노력하는 경우이다. 마지막으로 자신 스스로 변화하는 경우이다. 이미 우리는 상대를 변화시키거나 변화하기를 기다리는 것은 큰 의미가 없다는 것을 잘 알고 있다. 그러니 중요한 것은 그 관계를 통해 자신이 변화하고 성장하는 것이다.

먼저, 만나면 자신이 이용당하는 느낌을 갖게 되고 자신과 속칭 코드가 맞지 않아 불편한 관계에 있는 사람은 가급적 관계를 피하는 것이 좋다. 에덤 그랜트라는 조직 심리학자는 기버(giver)와 테이커(taker) 그리고 매처(macher)들과의 관계에서 가능한 테이커들과의 관계는 피하는 것이 좋다고 조언한다. 만약 그들과 관계를 맺게 되면 너그러운 매처, 즉 주고받는 관계로 형성하되 약간의 손해를 감수하는 정도면 된다는 것이다. 테이커들에게 지속적으로 당하기만 하는 것은 호구가 하는 짓인 만큼 구태여 호구가 되어 살아갈 필요가 없다는 것이다.

자기성장이라는 관점에서 바라보면 자신이 변화되어 관계 개선을 위해 노력하는 것이 중요하다. 세상에 의미 없는 인연은 없다고 한다. 모든 관계는 나의 성장을 위해 다가오는 실험대다. 우리는 지금도 관계 수업 중이다. 거친 숫돌이 칼을 가는 데는 도움이 된다. 거친 숫돌일수록 나를 아프게 하지만 나를 연마하는 데는 도움이 된다. 그 사람을 만난 것은 분명 이유가 있다. 상대방의 미숙함이나 이기적 행동을 보고 미워하고 혐오스러워하기보다는 그러한 사람들과 함께 살아가는 방식을 터득하고 이를 역이용하여 자신을 연마하는 것이 중요하다.

내가 그와의 관계에서 지속적으로 불편한 마음이 들면 먼저 가능한 한 관계의 횟수를 줄이는 것이 좋다. 피할 수 있으면 최대한 피하면서 마음의 상처를 최소화하는 것이다. 아직 내가 그 불편한 관계를 요리할 만큼, 수용할 만큼 내면에 힘이 없다는 증거이니 그 불편한 관계는 상대의 문제가 아니라 자신의 관계 능력의 문제인 것이다.

다음으로, "나는 왜 그 사람을 만났을까? 그와의 만남을 통해 관계에서 받는 괴로움을 극복하기 위해 내가 배워야 할 과제는 무엇인가? 나의 성장을 위해 상대를 거친 숫돌로 삼아 내가 키워야 할 내면의 힘은 무엇일까?" 이러한 관점에서 상대와의 관계를 풀어가는 것도 도움이 된다. 이럴 때 나의 내면에서 올라오는 무수한 상대에 대한 부정적 생각과 감정의 화살들은 내가 상대를 대함에 있어서 그 관계방식을 변화시키라는 신호로 이해할 수 있다. 수용할 수 없는 일은 나의 한계를 극복하라는 신호고, 내가 이용당하는 느낌은 깊은 사유력을 통해 이를 극복하면서 당당하게 상대에게 맞설 수 있는 방안을 모색하라는 신호로 받아들이면 된다. 이를 통해 자신의 내면의 힘을 키운다. NO라고 말해야 할 때 당당하게 NO라고 말하고, 자신의 느낌과 생각을 솔직하게 전달할 필요가 있을 때 전하면서 살아가는 자신의 마음의 힘을 성장시키라는 신호로 받아들이면 된다. 이렇게 할 때 자신은 그 불편한 관계를 통해 점차 성장하게 된다.

불가에서 참회는 자기를 성찰하고 그러한 일이 앞으로 일어나지 않도록 하겠다는 다짐이라고 정의하고 있다. 모든 것을 참회하는 마음으로 그리고 수용하는 마음으로 다가가면 거기에 분명 자신의 내면의 성장이 있다. 이러한 자세로 모든 관계를 접하면 불필요한 인연은 없다. 이것이 절대 긍정의 삶이다. 절대 긍정은 모든 것을 다 긍정하라는 말이 아니다. 어려움도 긍정적으로 수용하면서 자신의 성장의 기회로 삼자는 말이다.

"인간관계의 문제는 서로 사랑하는 방법을 몰라서라기보다 서로 사랑하고 싶어 하지 않기 때문이다."

- 관계수업 중에서

4

과제를
분리하자

자연현상을 자세히 관찰해보면 이 땅에 사는 동물들이나 식물들은 주어진 자기 과제 수행에 열중하고 있다. 나무는 옆에 있는 나무가 어떤 꽃을 피우든 어떻게 자라든 상관하지 않는다. 자기가 주어진 상황에서 최선을 다해 자기의 꽃을 피워 가고 자기의 열매를 맺을 뿐이다. 그리고 때가 되면 자기의 모든 것을 세상에 돌려준다. 즉 세상의 만물은 자기의 과제를 충실히 수행하면서 세상에 기여하며 공존한다.

하지만 인간은 주변 사람들로부터 어떻게 인식되고 어떤 대접을 받을까에 신경이 집중되어 있다. 어떻게 하면 다른 사람들로부터 부러움의 대상이 되고, 사랑받고 존경받는 사람이 될까가 삶의 목적이 된다. 자기의 인생과제를 수행하기보다 타인을 기쁘게 하는 일, 다른 사람들로부터 인정받는 일에 급급하다. 또한 모든 사람들이 자기의 뜻에 따라 행동해주길 바라고 자기 생각대로 세상이 돌아가길 바란다. 그러니 온전히 자기 자신으로 살지 못하고 평생 남의 눈치 보고 남들의 감정 관리에 몰두하다가 삶을 마치는 꼴이 된다.

진정으로 자신의 온전한 삶을 살기 위해 자신의 인생과제를 수행하는 데 집중해야 한다. 개인심리학자 아들러는 이를 위해 가장 먼저 과제 분리를 권한다. 즉 타인의 과제와 자신의 과제를 혼동하지 말라는 것이다. 우리는 너무 자신의 과제보다 타인의 과제에 개입하므로 관계가 자꾸 꼬이고 얽히는 경우가 많다. 타인의 과제는 철저하게 타인의 선택과 결정에 맡기고 자신의 인생과제를 충실히 수행하라는 것이다. 아주 간단하게 타인이 나를 인정하느냐 마느냐는 타인의 과제다. 그것에 대해 시비를 거는 것은 내가 상대방의 과제에 개입하는 것이다. 내가 상대방에게 밥을 사주었다면 그것은 내가 선택한 나의 과제를 수행한 것이다. 그 대가로 상대가 나에게 다시 밥을 사줄 것인가, 말 것인가 하는 것은 상대방의 과제이다. 하지만 우리는 내가 몇 번이나 밥을 샀는데 왜 상대방은 그렇지 않느냐고 비난하고 속상해한다. 과제 분리를 하지 못한 데서 온 결과다. 내 과제에 집중하고 이를 충실히 수행할 때 우리는 상대방으로부터 자유로울 수 있고 점차 얽힌 관계에서 벗어날 수 있다.

관제 분리와 관련하여 아들러의 충고를 들어보면 우리들의 인생과제는 3가지가 있다고 한다. 즉 자신이 하는 일에 대한 과

제, 친구 혹은 동료에 관한 과제 그리고 가족 사랑에 관한 과제
가 그것이다. 먼저 일에 대한 과제에 있어서는 무슨 일을 수행하
는 것이 중요한 것이 아니라 자기가 맡은 바를 책임을 다하는 것
이 중요하다. 즉 일에 대한 태도가 중요하다. 진정성을 가지고
자기 책임을 다하고 상대방에 함부로 충고하거나 그의 문제해결
에 관여하지 말아야 한다. 단 도움이 필요한 경우 내 능력만큼
성실히 도움을 주면 된다. 친구 및 동료와의 관계에서 자신이 수
행해야 할 과제는 상대를 이해하려는 노력, 자신의 능력 범위 내
에서 어려울 때 힘이 되어주고 도움을 주는 노력, 그리고 관심과
배려를 통해 우정을 나누는 것이 자신의 과제이다. 자신이 동료
를 위해 할 수 있는 일을 다 했으면 그것으로 만족해야 한다. 마
지막으로 가족과 연인의 사랑은 상대방을 존중하는 것이 중요하
다. 존중한다고 함은 한 생명체로서의 무한한 가치를 인정하고
함께하는 것만으로도 감사함을 느끼는 것이다. 상대방으로부터
도움을 받으려는 생각보다 상대방이 성장할 수 있도록 그리고
그가 하고 싶은 것을 할 수 있도록 돕는 것이다. 가족 간에 자기
의 과제를 충실히 하면 그것으로 끝이다. 가족이라는 이름으로
특정한 역할을 강요하고, 사랑이라는 이름으로 무엇을 바라고 구
속하는 것은 진정한 사랑을 나누는 것도 과제를 수행하는 것도
아니다. 이러한 자기 인생의 과제를 수행해가면 우리는 점차 서
로 간의 소속감을 갖게 되고 하나의 공동체 일원으로 성장할 수
있다.

조금만 눈을 돌려보면 나는 주변의 모든 것들의 기여 속에 살아가고 있다. 나라는 존재는 태어남부터가 부모님의 도움으로 이 세상에 존재하게 되었다. 그리고 모든 것의 도움으로 지금도 살아간다. 그렇게 세상에 던져진 존재이다. 이러한 관점에서 세상을 바라보면 원망보다 감사가 앞서고, 남들의 관심을 바라기보다는 더 나은 나로 변화하고 발전하기 위해 무엇을 해야 할 것인가 고민하는 것이 맞다. 그들이 나에게 무엇을 어떻게 해주길 바라기보다 내가 나를 존재하게 하는 주변의 무수한 생명체들을 위해 무엇을 하는 것이 내 과제인지 깨닫는 것이 중요하다.

이제 상대방이 나에게 무엇을 어떻게 해야 하며, 내가 속한 조직이 나에게 무엇을 어떻게 해야 하며 그리고 내 주변 사람들이 무엇을 어떻게 해야 하는지에 대한 고민과 관심을 놓자. 그리고 단지 나를 존재케 하는 그 모든 것에 기여하기 위해 내가 해야 할 과제가 무엇인지 그것을 살펴 수행하자. 내가 상대방에게 그렇게 잘해주었는데 왜 그 사람은 날 욕하는지 모른다고 한탄하는 것 자체는 아무런 의미가 없다. 내가 잘해주는 것이 나의 과제라고 생각해서 그렇게 했으면 그것으로 끝나면 된다.

우리는 우리가 만든 인생의 거짓말에 스스로 속으면서 살아가는지 모른다. 즉 그 사람 때문에 혹은 그런 일이 일어나서 나는 어쩔 수 없었다는 내가 만든 거짓말에 속아 스스로 괴로워하는 것이다. 그런 허구적 거짓 해석과 분별에 자신을 묶지 말고 내가 수행해야 할 과제가 무엇인지 진지하게 고민하고 그 과제에 열중할 때 진정한 나로 살고 얽혀 있던 문제들은 하나씩 정리될 것이다.

주어진 상황에 매몰되고 모든 사람들을 자신의 만족을 위한 도구로 생각하는 자기중심적 사고에서 벗어날 필요가 있다. 객관적 시각에서 나와 남에게 도움이 되는 과제가 무엇인지 깊이 살피고 이를 차근차근 수행해 나아갈 때 주변 사람들이 함께하고 싶은 나로 점차 나를 변화시킬 수 있다. 이것이 자기 삶에 공헌하는 것이 되며 또한 타인의 삶에도 공헌하게 되는 것이다. 이를 통해 우리는 점차 사회적 관심에 눈을 뜨게 되고 우리 사회를 함께 살아감으로써 좋은 장소로 만드는 데 기여하는 삶을 살게 된다.

5

사실과 해석을
분리하자

　우리는 지속적으로 발생하는 수많은 사건 속에서 살아간다. 우리의 삶은 사건과 사고의 연속이라고 해도 과언이 아니다. 세상의 모든 사물들은 주변에 어떠한 일이 일어나든 고요와 평화 속에 있다. 바람이 불든, 눈보라가 치든, 심지어 전쟁이 나도 돌이나 나무 그 밖의 모든 물체들은 그대로 고요와 평화 속에 있다. 하지만 인간은 다르다. 사람들은 살아가면서 부딪히는 모든 일들에 대해 자기 나름대로 크고 작고 혹은 좋고 나쁘다고 유형화시키고 이를 해석하는 데 너무 분주하다.

　이 세상의 주인은 나 자신이다. 내가 존재하지 않는 한 세상은 아무런 의미가 없다. 설사 내가 존재한다고 하더라고 이 세상 만물은 내가 의식할 때만이 내게 의미가 있다. 문제는 우리의 오감을 통해 세상에 일어나는 일을 감지한 후에 그것에 어떤 반응을 보이느냐에 있다. 일어난 일은 "하나의 사실"이지만 그것을 분별하고 해석하는 것은 관찰자들의 "주관적 판단"에 따라 천차만별이다. 우리는 종종 일어난 사실과 그 사실에 대한 나의 분별과 해석을 혼동하는 경우가 많다.

예를 들어 그 사람은 게으르다. 저 사람은 신용이 없다. 상대방은 말을 잘한다. 이러한 말들은 사실이라고 하기보다는 어떤 사실을 토대로 분별하고 해석한 결과물이다. 즉 이러한 말들에는 사실과 해석한 것이 혼재되어 있다. 상대방이 "약속을 3번 지키지 않은 것"은 사실이다. 그러한 사건을 토대로 "그 사람은 믿을 수 없다."고 하는 것은 주관적 해석이다. 우리가 어떤 일이나 사건을 접하면 일단 대상을 자신의 경험을 토대로 분류하고 규정하면서 이해하고 해석한다. 상대방을 믿을 수 없는 사람으로 해석해서 그렇게 규정하고 나면, 이는 그를 만날 때마다 그와 상호작용하는 모든 과정에 영향을 미친다.

'3번 약속을 지키지 않아서 난 무척 당황했고 실망했다.'라고 표현하는 것과 '3번이나 약속을 지키지 않는 것을 보니 당신은 신용이 없는 사람이다.'라고 표현하는 것은 완전히 다르다. 앞의 문장은 사실과 이에 따른 자신의 느낌을 있는 그대로 묘사하고 표현한 것이다. 하지만 후자는 사실과 이에 따른 자신의 해석과 분별을 포함시킨 것이다. 사실과 그에 대한 자신의 솔직한 느낌을 묘사하는 것은 상대방에게는 자신이 한 행동을 한번 돌아보게 하는 중요한 정보가 될 수 있다. 하지만 상대가 자신을 신용이 없는 사람이라고 단정 짓는 표현을 듣게 되면 먼저 자기의 마음속에 상대에 대한 거부감과 방어막이 생긴다.

따라서 중요한 것은 사실을 정확하게 직시하는 것이다. 그리고 그것에 대한 자신의 내면의 반응을 자각하는 것이다. 내가 특정 사실을 보고 어떻게 느끼는지 알면 이에 대해 좀 더 지혜롭게 대처할 수 있다. 사실과 그것에 대한 나의 평가와 해석을 분리하게 되면 과거의 경험과 지식에 의존하여 상황에 반응하는 과거 중심의 삶에서 벗어나 그 상황에 맞게 지혜롭게 대처할 수 있는 심리적 공간을 확보할 수 있다. 그러니 일어난 '사실'과 그것에 대한 자신의 '판단이나 해석'과 분리하여 현상을 있는 그대로 인지하는 것은 매우 중요하다.

이를 통해 우리는 과거의 경험에 묶이지 않고 현재 일어난 일의 궁극적 실체에 직면할 수 있다. 금강경에서도 "응당 어디에도 머무는 바 없이 그 마음을 내라."라는 구절이 있다. 어떤 사실에 대한 자신의 과거 경험을 토대로 한 판단 기준에 머무른다든지 혹은 자기중심적 사고에 머무르지 말고 사실을 있는 그대로 직시하라는 말로 해석할 수 있다. 있는 그대로의 모든 것은 여러 가지 조건이 형성되어 잠시 모습을 드러낸 일시적인 현상이다. 그것은 인연 따라 나타난 하나의 사태일 뿐이다. 그 인연이 사라지면 없어질 물거품 같은 것이다. 그러니 사실과 해석을 분리하면 사실에 대한 주관적 판단에서 객관적 판단으로 전환할 수 있다. 그러면 나타난 현상에 엉뚱한 해석과 이야기를 덧붙여 스스로 고통을 받을 일들이 훨씬 적어진다. 또한 이를 현명하게 처리할 수 있는 마음의 여유를 가질 수 있다.

느낌과 해석을
분리하자

　사물이나 사건을 대하면 사람들은 먼저 그것에 대한 느낌이 일어난다. 사람들은 날씨가 추워지면 춥다고 그리고 더워지면 덥다고 느낀다. 이러한 느낌이 오면 다음으로 이에 대해 인식함과 더불어 이를 분별하고 판단, 해석, 추측 등을 한다. 분별, 해석, 추측 이런 것들은 다 느낌이 아니라 머리로 하는 생각이다. 느낌은 가슴으로부터 온다. "무시당한 느낌"은 해석인가, 느낌인가. 이것은 "무시당했다."라는 해석이다. 그렇게 해석을 하고 나니 기분이 안 좋았다면 그것은 그렇게 해석했기 때문에 나타난 감정이다.

　우리는 어떤 사건과 상대방의 행동에 대한 자신이 느끼는 솔직한 느낌과 상대방을 분별하고 해석한 이후에 이로 인해 나타나는 감정과 혼동하는 경우가 많다. 분별과 해석을 할 때는 자신의 주관적인 관점이 가미된다. 하지만 느낌은 솔직한 자신의 정서적 반응이다. 느낌은 가슴에서 우러나지만 해석과 분별은 머리에서 떠오른다. 우리의 가슴에서 나오는 진솔한 느낌이 상대에게 전달될 때 상대방의 가슴을 움직일 수 있고 정서적 교감이 가능해진다.

"내가 그 사람하고 말할 때 꼭 벽 보고 이야기하는 느낌입니다." 이것은 느낌인지 아니면 분별과 해석인지 정확하게 살펴볼 필요가 있다. "벽 보고 이야기하는 것"은 느낌이 아니라 자신의 주관적 분별과 해석이다. 이것은 가슴으로 전하는 자신의 솔직한 느낌과는 거리가 있다. 서로 교감을 하지 못하기 때문에 "답답함"을 느낀다면 이것은 느낌이다. "나는 실패한 사람처럼 느낀다." 이 문장도 역시 자신의 느낌보다는 "실패한 사람"이라는 해석이다. "나는 좌절감을 느낀다." 이것은 느낌이다. 우리는 너무 머리로 해석하고 분별하는 데 중독되어 있기 때문에 어떤 사건을 대하면서 가슴에서 우러나는 느낌과 그것을 머리로 해석함에 따라 나타나는 감정 상태를 잘 구분하지 못한다.

서로가 직면한 사항에 대해 자신의 솔직한 느낌-예를 들어 '불안하다' '두렵다' '답답하다' '기쁘다' '슬프다'-을 표현할 때 상대방은 마음의 문을 열고 그의 말에 귀 기울이게 된다. 그리고 상호 정서적 공감대를 만들어갈 수 있다. 누가 자신의 이야기를 오해하고 있다고 생각하면서 "난 오해받고 있다고 느꼈다."면 그것은 그 사항에 대한 해석이다. 따라서 상대방은 금방 그 해석이 잘못되었음을 지적할 가능성이 높다. 그러나 난 지금 "불안하다 혹은 괴롭다"는 진솔한 느낌이다. 스스로 자신의 가슴에서 우러나는 느낌에 충실하고 그 자신의 내면의 느낌을 상대에게 표현할 때는 상대는 왜 그러한 느낌을 가지고 있는지 궁금해할 수 있다. 그 이유를 자신의 입장에서 진솔하게 나눌 때 정서적인 공감이 형성된다.

한 사람이 실수로 차 사고를 냈다. 상대방과 합의 보고 사고 현장을 수습한 후 집에 갔다. 아내에게 그 사실을 말했다. 그는 이로 인해 들어갈 돈 혹은 보험료에 대한 것도 걱정이지만 아내가 그에게 보일 반응이 더 걱정이 되었다. 역시 아내는 그를 부주의한 사람, 야무지지 못한 사람, 더 이상 차를 맡길 수 없는 사람이라고 질책했다. 그때 그는 아내로부터 모멸감을 느꼈다. 아내의 말을 들으면서 그는 앞으로 운전할 때 무엇을 어떻게 해야 사고를 방지할 수 있을지를 생각하기보다는 아내로부터 받는 질타에 대한 반감이 더 컸다. 이는 상호 말싸움으로 번지고 불신만 더욱 깊게 했다. 만약에 교통사고에 대해 남편이 부인에게 이야기할 때 부인은 그로 인해 남편이 느끼는 안타까워하는 심정을 먼저 공감해주고 앞으로 어떻게 해주었으면 좋겠다는 부탁을 했다면 서로 간의 갈등은 발생하지 않았을 것이다.

어떤 사건에 대해 잘잘못을 따지는 해석과 분별은 차후이다. 상대가 특정한 사항으로부터 느끼는 느낌을 공유하는 것이 먼저다. 그리고 그 사건의 전후를 살피면서 이야기할 때 관계의 숨은 틈이 튀워지기 시작된다. 따라서 상호 어떤 일이 일어났을 때 그것으로 인해 일어나는 느낌과 그것으로 인해 무엇이 잘되고 못되고 따지는 분별과 해석을 먼저 분리하는 것이 좋다. 그리고 상호 그 느낌을 공유하면 문제에 대한 답은 쉽게 찾을 수 있고 서로의 관계는 깊어질 수 있다.

7

자신의 내면의
바람에 대해 책임지자

내면의 바람에 대한 책임을 진다고 하는 것은 자신의 마음에서 어떤 생각이 떠올랐을 때 그 생각을 하게 하는 근본적인 원인이 무엇인지를 정확하게 인식하고 이를 해결해가는 과정이다. 환경에서 일어나는 많은 사실들은 나의 의식작용을 자극하는 요인으로 작동한다. 상대방이 "당신은 참 나쁜 사람이야!"라고 말하면 사람들은 이에 반응을 보이기 시작한다. 즉 이는 자신의 의식을 작동시키는 원인이 된다. 이러한 말을 들었을 때 우리는 보통 아래와 같은 반응을 보인다.

첫째, 상대방은 나의 행동을 보고 그렇게 생각했을 '뿐' 하고 이것에 아무런 반응을 보이지 않는 경우이다. 이때 자신의 마음은 평정심을 잃지 않고 이러한 말에 흔들리지 않을 수 있다. 둘째는 '내가 또 실수를 했구나! 내가 무엇을 잘못했기에 그런 말을 하지? 내가 한 행동이 상대방에게 이기적으로 비쳤구나!' 혹은

'마음에 상처를 주었구나!' 하고 스스로를 자책하며 죄의식이나 수치심을 갖는 경우이다. 셋째는 그 이야기를 듣고 기분이 나빠지면서 속으로 화가 치밀어 올라오는 것이다. 그리고 '당신은 더 나쁜 사람이야!' 하고 그 말을 한 사람을 공격하는 것이다. 이는 화살을 그 말을 한 상대방에 돌리고 그 사람의 인격이나 행동에 대해 문제를 삼는 것이다. 이로 인해 상대방과의 관계는 더욱 악화될 가능성이 높다. 넷째는 흔치 않은 경우지만 나쁜 사람이라는 말을 듣고 자신이 어떻게 반응을 보이고 있는지 구체적으로 자신의 심리작용을 관찰한다. '나쁜 사람'이라는 말을 들으면서 '속상해하는구나!' 혹은 '억울해하는구나.' 등 자신의 마음의 작용을 면밀하게 알아차리는 것이다. 그리고 즉흥적이지 않고 가장 현명하게 대처하는 방안이 무엇인지를 생각한다. 다섯째 '상대방이 그러한 말을 하게 된 이유가 무엇일까?'를 생각한다. 그리고 상대방의 입장 혹은 서로를 위해 가장 현명하게 대처하는 방법이 무엇일까를 생각해볼 수 있다.

어떠한 반응을 보이든 외부 자극에 대한 자신의 느낌, 생각 그리고 감정은 자신이 만들어낸 반응물이다. 그러므로 그 자극을 준 상대에게 책임을 묻지 말고 그 느낌을 직접 생성하고 있는 자신에게 눈을 돌려 왜 그러한 반응을 보이는지 어떠한 요인이 그러한 느낌을 만들어내고 있는지를 먼저 확인할 필요가 있다. 그리고 이를 스스로 해결하려는 노력이 필요하다. 상대방의 말을 듣고 자신의 마음에 나타난 느낌과 생각의 원인을 면밀하게 살펴보면서 자신이 만들어낸 느낌과 생각에 대한 해결방안이 무엇인지를 살펴보고 최선을 다해 이를 해결해 나아가는 것이 곧 자기 생각과 느낌을 자신이 책임지는 것이고, 자기가 스스로 주인이 되어 자기 자신으로 사는 방식이다.

만약 엄마가 자기 아이한테 '네가 성적이 나빠서 엄마의 마음이 아프다.'라고 하면 이것은 자신의 마음이 아픈 책임을 아이에게 전가하는 것이다. '네가 나에게 전화를 하지 않아서 나는 기분이 나쁘다.' 이는 자신의 나쁜 기분에 대해 스스로 책임지지 않고 그것을 유발하게 한 상대에게 책임을 전가하고 그의 행동 변화를 통해 문제를 해결하려는 방식이다.

만약 아이의 성적이 100점 만점에 50점이어서 이 사실(fact)에 대해 속이 상하고 자식에 대해 실망감을 느꼈다고 하자. 이러한 반응을 보이게 되는 원인은 크게 두 가지로 볼 수 있다. 하나는 정말 자식의 장래를 걱정하는 마음이다. 다른 하나는 자기 자식이 공부를 잘하는 것을 남들에게 자랑하고 싶은 욕구이다. 만일 자식의 장래를 걱정하고 성공적 삶을 살기를 바라는 마음이 실망감의 원인이었다면 자식의 장래를 위해 어떤 노력이 필요한지 그 최선의 방안을 자식과 함께 찾아보는 것이 자신의 느낌에 현명하게 책임지는 방법일 것이다. 실망감의 근본 원인이 남들에게 공부 잘하는 자식을 자랑하고 싶은 욕구였다고 하면, 그 감정은 자기 자신이 스스로 해결해야 한다. 이는 자기 자식을 하나의 수단으로 인식하는 자기 마음이 문제인 것이다. 이러한 자신의 욕구를 인정하고 이를 스스로 다스리면서 해결하는 것이 중요하다. 자기의 느낌에 스스로 책임을 지지 않고 자식에게 전가하는 순간 그것은 폭력이 될 수 있다.

어떤 느낌 밑바탕에는 그 느낌을 일으키는 자신의 욕구라고 하는 배경이 있다. 그러한 느낌이 일어나는 이유는 상대방의 행동에 있지 않고 자신의 욕구가 채워지지 않음으로 오는 것이다. 이를 토대로 해석하고 분별하여 스토리를 만드는 것이다. 그것이 자신의 어떤 욕구가 원인이 되어 일어나고 있는지 확인하여 그것으로부터 스스로 해방되는 것이 중요하다.

직장에서 동료가 주어진 일을 제때 하지 않으면 우리는 기분이 나쁘다. 그리고 '상대방이 게으르다 혹은 무능하다'고 질책 혹은 비난을 한다. 하지만 정확하게 자신의 기분이 나쁜 이유는 주어진 시간 내에 일을 마치지 못한 사실과 주어진 시간 내에 일을 마치지 못할 경우 오는 불이익에 대한 불안감 때문일 것이다. 이는 상대방을 무능한 사람, 혹은 게으른 사람이라고 해석하고 분별하면서 자신의 느낌에 대한 책임을 상대방에게 전가하는 것이다. '우리 부서가 주어진 시간에 일을 마쳐서 능력을 인정받고 싶었는데 그렇지 못해 불안하다.'고 자신의 내적 바람과 이로 인한 자신의 느낌을 정확히 인지하면 자신이 그 상황에서 느끼는 느낌을 어떻게 해결하는 것이 좋을지 생각하는 기회를 가질 수 있다. 필요한 경우 자신의 느낌을 상대에게 이야기하면서 함께 문제해결의 방안을 찾을 수 있다. 이것이 바로 자신의 느낌을 스스로 해결해 나아가는 방식이다.

우리는 자신의 내면의 바람을 인지하고 표현하는 데 너무 인색하다. 우리의 욕구를 표현하는 것 자체가 죄인 양 훈련되어 있다. 우리 의식 내에 갖가지 욕구들은 특정한 상황을 만나면 그 모습을 드러내게 되어 있다. 아지랑이처럼 계속해서 자신의 의식 영역으로 피어오르는 욕구를 알아차려야 한다. 이를 무시하고 이것에 마음의 눈과 귀를 닫고 듣지 않고 보지 않는다면 이는 다른 식으로 변형되어 표현된다. 만약 자신은 혼자만의 시간을 갖고 싶은데 그렇지 못해 주변 사람들에게 짜증을 내게 되면 이는 상대방에게 책임을 전가하고 상대방이 이 문제를 해결해주길 바라는 수동적 삶을 살아가는 것이다. 자신의 욕구를 스스로 인정하고 이를 솔직하게 상대방에게 표현할 수 있을 때 드디어 그 욕구충족의 방법이 무엇인지 함께 고민할 수 있게 된다. '나는 혼자 있는 시간을 갖고 싶다.'고 자신이 그런 생각을 하게 된 이유를 정확히 말하면 그 방법을 찾는 데 함께 노력할 수 있다.

한편 우리는 상대방의 느낌에 책임지려는 경우가 많다. 내가 잘해주지 못해서 상대방이 불행하다. 더 잘해줄 걸 그렇지 못해서 늘 미안하다. 상대방이 기분 나쁘면 내가 무엇을 잘못해서 그러는지 불안하다. 상대의 기분을 풀어주어야 한다고 생각한다.

이러한 상대방의 느낌을 자신이 책임지려는 것은 상대방에게 인정받고 싶은 욕구의 발로이다. 선한 사람, 예의 바른 사람, 주변 사람들에게 희생하면서 살아가는 착한 사람이라는 인정을 받고 싶은 욕구에 스스로 결박되어 나타난 결과이다. 이러한 상태에서 벗어나고자 하면 상대방의 느낌을 책임지려고 하기보다는 자신의 내면의 진정한 바람을 알아차려 정확히 인지하고 수용하려는 노력이 우선이다. 즉 나의 느낌과 반응에 내가 깨어 있어야 하는 것이다. 상대방의 느낌과 판단에 중심을 두었던 사람들은 자기의 솔직한 느낌에 대해 귀를 기울이지 못해서 자신이 무엇을 원하는지 모르는 경우가 많다. 하지만 점차 자신의 욕구와 바람에 우리의 눈길을 주면 그 목소리를 들을 수 있다.

자신의 실수로 자기 집에 많은 경제적 손실을 끼친 한 여성이 있었다. 그분은 항상 죄의식과 형제들에게 미안한 감정으로 자신을 자책하고 후회하며 살아왔다. 우울증에 시달리고 자신감을 상실한 삶을 살아왔다. 항상 자기 비하에 시달리면서 자기는 가정에 큰 죄인이라는 생각에서 벗어날 수가 없었다. 매일매일이 지옥 같은 삶이었다. 그 여성분은 자기 가족이 느끼는 느낌과 생각에 책임을 지려고 했다. 자신이 끼친 경제적 손실을 보상하기 전까지는 그 느낌에서 벗어날 수 없다고 생각했다. 하지만 경제적 손실을 보상할 길이 없다. 그래서 늘 괴롭고 힘든 삶을 살아온 것이다.

이러한 정서적 감옥으로 부터 해방되려면 먼저 상대방의 느낌과 생각을 책임지려는 삶에서 해방되어야 한다. 이를 위해 먼저 자신이 스스로 느끼는 가족에 대한 미안한 느낌을 솔직하게 인정해야 한다. 자신이 느끼는 죄책감을 인정해야 한다. 그러한 미안한 감정과 죄책감으로부터 벗어나고 싶은 자신의 내면의 바람을 또한 인정해야 한다. 그리고 상대방에게 자신의 이러한 감정과 생각들을 솔직하게 표현해야 한다. 자신의 행동에 책임을 다하기 위해 서로에게 도움이 되는 방안이 무엇인지 진솔하게 이야기하면서 그 방안을 모색해야 한다. 이것이 곧 자신의 느낌을 책임지는 삶이다.

8

부탁할 때는
이렇게 하자

부탁이 강요로 변질되면 항상 복종 아니면 저항이라는 반응을 일으킨다. 복종과 저항은 굴종과 비판이 따라온다. 중요한 것은 어떻게 부탁이 상대에게 강요로 비치지 않고 공감과 공명을 일으켜서 자발적으로 상대가 이에 응하도록 하게 하느냐 하는 것이다. 상대방이 수용하는 마음, 자발적으로 하고자 하는 마음을 내도록 부탁을 할 수 있도록 하는 방법은 무엇일까?

부탁을 상대가 들어주느냐 들어주지 않느냐는 상대에게 달려 있다. 상대가 기꺼이 들어주면 부탁이지만 어쩔 수 없이 들어준다면 이는 강요가 된다. 우선 부탁을 들어주지 않을 때 무조건 부탁을 철회하기보다는 상대가 들어주지 않는 이유를 충분히 공감해주는 것이 중요하다. 그가 들어줄 수 없는 상황, 느낌 그리고 진정으로 그가 원하는 바에 대해 수용해주려는 노력이 필요하다. 그리고 상대가 나의 부탁을 들어주더라도 상대가 충분히 나의 뜻을 공감하고 기꺼이 나의 부탁을 즐거운 마음으로 받아들였는지가 중요하다.

내가 상대에게 하는 부탁이 부탁으로 위장한 강요가 아닌 진정한 부탁이 되기 위해서는 마음자세가 중요하다. 먼저 나의 의도대로 상대가 행동하도록 하여야겠다는 생각을 버리고 나의 진심 어린 마음이 전해져서 거기에 감응할 수 있도록 해야 한다. 따라서 자신이 상대에게 하는 부탁이 진정으로 서로를 위해 필요하다고 하는 부탁하는 자의 자기 확신이 있어야 한다. 마음속으로는 상대방에게 부탁을 하면서 당연히 들어주어야 한다는 생각을 토대로 전달하는 방법만 부드럽게 한다면 이것은 부탁을 위장한 강요이다.

이를 위해 먼저 자기가 원하는 것을 분명히 하고 구체적으로 이야기하지 않는 것은 부탁이 아니다. "네가 나에게 잘 대해주었으면 좋겠어!" 이것은 부탁이 아니다. 너무 막연하다. 좀 더 구체적인 행동을 제시하는 언어로 표현해야 한다. 예를 들어 "내가 너를 방문할 때 문을 빨리 열어주고 문 앞에서 나를 맞아주었으면 좋겠어!"처럼, 구체적이면서 무엇을 원하는지 정확하게 표현하는 것이 중요하다. 다음으로 무엇을 하지 말 것을 부탁하기보다 무엇을 할 것을 부탁하는 것이 좋다. 부탁을 할 때는 긍정적인 표현으로 하는 것이 상호 부담이 없다. 예들 들어서 "네가 말을 할 때 말을 끊지 않았으면 좋겠어."라고 하지 말 것을 제시하는 경우 이는 상대방은 구속을 받는 느낌을 받아 강요로 인식하기 쉽다. 따라서 긍정적 언어로 "내가 말할 때 다 듣고 너의 의견을 이야기해주었으면 고맙겠어."라고 원하는 것을 명확하게 표현하는 것이 중요하다.

자신이 무엇 때문에 이를 부탁하는지 그 배경을 구체적으로 설명하고 자신의 바람을 정확하게 표현함으로써 상대방이 진정성을 느낄 수 있도록 한다. "나는 늘 당신과 친해지고 싶었어요. 그래서 만나면 인사를 나누고 싶었는데 지난번에 내가 인사하려고 하는데 그냥 지나쳐서 서운하더라고요. 앞으로는 만나면 눈인사뿐만 아니라 함께 이야기도 나누면서 친하게 지냈으면 좋겠어!" 내가 무엇을 왜 부탁하는지 정확하게 긍정적인 표현을 써서 하는 습관이 중요하다.

가끔 나하고 산에 함께 가는 친구가 있었다. 그 친구는 산에 갈 때마다 내 차로 자신을 태우고 가길 원했다. 등산 후 돌아올 때는 나도 피곤하고 늘 나 혼자 운전을 담당하는 것이 부담이 되었다. 나는 그 친구에게 운전을 서로 번갈아 하자는 부탁을 하고 싶었다. 하지만 그러한 말을 꺼내기가 힘들었다. 용기를 내어 부탁하기로 하였다. "내가 운전을 지속적으로 담당하면 내 입장에서는 점점 친구와 함께 등산하러 가는 것이 부담스러울 것 같아. 난 앞으로 친구와 함께 오래 등산을 같이 했으면 좋겠어. 그러니 산에 갈 때 번갈아 운전을 했으면 해!" 이렇게 내 느낌, 바람 그리고 구체적인 내용을 부탁했다. 그 친구는 기꺼이 이를 수용해 주었다.

　진정성은 진정성을 일깨운다. 부탁을 할 때 상대를 자신의 욕구충족의 수단으로 활용하려는 의도가 잠재되어 있을 때 복종 혹은 저항으로 반응하게 되어 있다. 막연한 부탁 혹은 상대가 내 심정을 이해해주지 않는다고 짜증을 낸다든지, 다른 사람에게 불평을 하는 것은 서로에게 상처를 줄 수 있다. 명령이나 강요가 아닌 나의 심정과 느낌 그리고 바람을 솔직히 전하고 원하는 것을 구체적으로 이야기할 때 그 것은 상대방의 마음을 움직여서 서로 이해의 폭을 넓게 하고 서로 마음의 상처를 받지 않으면서 공감대를 형성하게 된다.

9

공감할 때는
이렇게 하자

사람은 누구나 내 마음을 알아주고 함께 공감해주길 바란다. 누가 날 공감해줄 때 안정감을 느끼고 자신의 존재감을 확인하게 된다. 공감은 다른 사람들과 서로 연결되는 과정이다. 공감과 공명은 생명의 원리이다. 생기가 넘친다는 것은 공감하는 부분이 크고 강해졌다는 의미이다. 공감은 서로 간의 느낌과 바람이 온전히 하나가 되는 과정이다. 상대를 평가하는 마음, 가르치겠다는 생각, 혹은 도움을 주어야겠다는 생각 등이 자신의 마음에 있으면 상대의 느낌과 바람에 온전히 함께할 수 없다. 공감한다는 말은 먼저 나의 상대에 대한 해석과 판단을 비우고 그를 수용하고 이해한다는 말이다.

상대방이 힘들어할 때 혹은 괴로워할 때 우리는 자신의 경험과 지식을 토대로 평가하고, 도우려 하고, 가르치려고 하고 혹은 바른길로 인도하려고 하는 경우가 많다. 이는 상대방이 무언가 부족하다는 평가를 토대로 그의 결핍된 부분을 중심으로 상대를 대하는 것이다. 이는 진정 상대를 위하는 것이 아니라 상대를 더욱 짜증이 나게 하는 방법이다.

"오늘 난 왜 이렇게 기분이 우울하지!"라고 말할 때 "무슨 나쁜 일이 있어?"라고 응답하는 경우가 종종 있다. 이것은 상대에게 그 이유를 확인하기 위해 정보를 구하는 것이다. 상대를 이해하려는 노력보다 자신의 궁금함을 채우려는 것이다. 하지만 상대는 자신의 느낌과 마음속의 바람을 함께 나눌 수 있기를 바라는지 모른다. 칼 로저스는 누군가 자신의 생각에 평가의 잣대를 들이대지 않고, 그 문제를 자기식대로 해결해주려고 덤벼들지 않으며, 진지하게 귀 기울여 들어줄 때 상대에 대한 얼어붙었던 마음이 풀리게 된다고 했다. 이를 통해 새로운 눈으로 그 문제를 바라보게 되고 해결할 수 있다는 마음에 힘이 생긴다. 그러면서 암담하게 느껴졌던 문제들의 해결의 실마리를 찾아 풀기 시작하는 신기한 체험을 하게 된다.

공감은 함께 창조하는 것이다. 따라서 상대를 보면서 자신의 느낌과 상대에 대한 바람을 먼저 전하는 것도 공감을 위해 좋은 방법이다. '네가 우울해하니 나도 기분이 안 좋아, 네가 왜 그렇게 느끼는지 알지 못하고 함께 있으니 당황스러워, 네가 무엇 때문에 그렇게 느끼는지 함께 이야기를 할 수 있어!' 이렇게 현재 상태에 대해 자신의 느낌과 바람을 먼저 전하고 마음의 문을 열면서 대화를 시작하는 것도 좋은 방법이다. 상대방이 불평과 불만이 클수록 그 내면에는 그것을 누군가 들어주고 이해해주길 바라는 간절한 바람이 작용하고 있다는 반증이다. 누군가 충족되지 않은 자신의 바람을 인정해주고 함께 느껴줄 때 마음은 열리고 공감대는 형성되기 시작한다. 상대가 내뱉는 불평이나 비판들은 그가 고통을 벗어나고자 하는 행동이고 그의 심리적 고통을 이해해달라는 신호일 수 있다. 이때가 그의 답답한 마음, 간절한 바람을 해방시킬 수 있는 기회일 수 있다.

> A: "자네는 내가 하는 말을 잘 안 들어!"
> B: "내가 지금 듣고 있잖아!"

이러한 대화가 공감의 대화로 진화하려면 '당신은 내말을 잘 안 들어!'라고 말할 때 '그동안 나에게 자신의 솔직히 느끼는 심정을 전하고 싶었는데 그렇지 못해 답답해하고 있는 것 같아'라고 답하는 것이 곧 상대방의 느낌과 바람을 먼저 이해하려는 자세이다. 이럴 때 우리는 가끔 "내가 그럼 어떻게 해주었으면 좋을 것 같아?"라고 응답하는 경우도 있다. 이 경우 상대방의 생각에 초점을 맞추고 있는 것이다. 공감은 그 사람이 어떤 생각을 하고 있는지를 알아보는 것보다 그 사람의 현재의 느낌 그리고 내면적 바람을 수용하고 인정해줌을 의미한다. 따라서 "서로 간의 대화를 통해 당신의 느낌과 바람을 충분히 전할 수 있는 시간을 갖지 못해 답답한 모양이지." 하고 그의 느낌과 바람에 초점을 맞춘 응답이 공감대를 형성하기에 바람직하다. 혹 공감을 위해 상대방에게 아래와 같이 묻고 요구할 수 있다.

"당신이 진정으로 바라는 것이 무엇이야?"
"당신의 느낌과 원하는 바를 정확하게 이야기해줘!"
"내가 어떻게 해주었으면 좋겠는지 솔직히 이야기해줘!"

하지만 이러한 말들은 다 그의 느낌 그리고 바람 혹은 원하는 바를 서로 공유하고 함께 가슴으로 느끼고자 하는 것이 아니라 머리로 정보를 구하는 것이 될 수 있다. 이러한 말보다는 "내가 당신이 무엇을 원하는지 이해하지 못해서 답답해하고 있는 것 같아 미안해!"가 훨씬 그의 느낌에 공감하는 반응이다.

따라서 공감을 일으키는 대화 방식은 먼저, 사실을 있는 그대로 확인하고 둘째, 상대방의 그 사실과 관련된 느낌 및 바람을 질문을 통해 확인한다. 마지막으로, 자신의 느낌과 바람을 전하면서 앞으로 어떻게 해주었으면 좋겠다고 부탁하는 것이다. 하나의 예를 들어 설명하면 아래와 같다.

대학에 있으면서 종종 일어나는 일이다. 학생들이 체육대회로 인해 담당 교수에게 통보도 하지 않고 수업에 들어오지 않았다. 교수에게 통보하지 않았지만 학과를 대표하여 운동선수로 참석한 학생들을 수업에 참석하지 않았다는 이유로 무조건 결석처리를 하면 마음에 상처를 받을 수 있다. 그래서 교수는 아래와 같이 학생들과 대화를 했다.

상대방에게 사실을 확인한다.

"어제 수업에 결석한 이유는 체육대회에 학과를 대표하는 선
수로 뛸 경우 출석에 관해 문제를 삼지 않을 것으로 생각하고
수업에 참석을 하지 않은 모양이지!"

상대방의 느낌과 바람을 묻는다.

"교수님께 운동선수로 뛰기 때문에 수업에 출석할 수 없다는
사실이 전달된 줄 알았는데 그러지 않아서 당황했겠구나! 그
리고 과대표는 이를 깜박하고 교수님께 전하지 못해 상당히
미안하게 생각하고 있는 것 같아. 이 상황을 교수님이 좀 이
해를 해주길 바라고 있는 것 같아. 그렇지?"

마지막으로 자신의 느낌과 부탁을 한다.

"교수님은 학생들이 사전 통보 없이 수업에 참석하지 않아서
궁금하면서도 학생들이 내 수업을 등한시한다는 생각이 들어
서운했어. 앞으로 이런 일이 있으면 꼭 교수님께 먼저 전달해
주었으면 좋겠어. 그리고 이번 수업을 듣지 못한 학생들의 출
석 처리문제는 학생들과 합의하에 처리하려고 해. 어떻게 생
각하지?"

아무리 상대방이 험한 말을 하더라도 그 말을 공격이나 비난
으로 듣지 않고, 그 사람이 그러한 말을 하게 된 그 내면의 마음
의 상태(느낌과 바람)를 알아차리고 그것을 수용하고 이해하면

그의 공격이나 비난의 칼날이 수그러들고 자신이 진정 전하고자 하는 바가 전해졌다는 안도감을 갖게 된다. 상대방이 날리는 험악하고 상처 주는 말이 중요한 것이 아니라 그러한 말과 행동을 하게 된 그 배경을 이해하고 공감하는 것이 중요하다.

저자 송운석

단국대학교를 졸업하고 미국 포트랜드주립 대학교에서 행정학 석사와 박사를 취득한 후 34년간 단국대학교 행정학과 교수로 재직하면서 인간관계론, 리더십 개발, 인간행동과 사회환경, 조직관리론 등의 강의를 해왔다. 그동안 신뢰중심의 인간관계론, 신뢰중심의 조직관리 등의 책을 저술했으며 다양한 단체에서 인간관계, 리더십 그리고 명상에 대한 강연을 해왔다.

그림 작가 김대열

동국대학교 명예교수, 중국 남개대학 객좌교수

관계의 숨틔움

초판인쇄   2020년 2월 7일
초판발행   2020년 2월 7일

저 자 송운석
그 림 김대열
펴낸이 채종준
펴낸곳 한국학술정보㈜
주소 경기도 파주시 회동길 230(문발동)
전화 031) 908-3181(대표)
팩스 031) 908-3189
홈페이지 http://ebook.kstudy.com
전자우편 출판사업부 publish@kstudy.com
등록 제일산-115호(2000. 6. 19)

ISBN 978-89-268-9829-1 93330